CURAS PELA QUÍMICA OCULTA

Realidades suprafísicas na Medicina

Obras do
Dr. José Maria Campos (Clemente):

PLANTAS QUE AJUDAM O HOMEM
Guia prático para a época atual
(1991 — em co-autoria)

GUIA PRÁTICO DE TERAPÊUTICA EXTERNA
Métodos e procedimentos terapêuticos de grande simplicidade e eficácia
(1993)

O ETERNO PLANTIO
Um reencontro da Medicina com a Natureza
(1994)

CURAS PELA QUÍMICA OCULTA
Realidades suprafísicas na Medicina
(1994)

JORNADAS PELO MUNDO DA CURA
(1996)

EDITORAS

Cultrix/Pensamento
São Paulo — Brasil

Errepar S.A.
Buenos Aires — Argentina

Dr. José Maria Campos

(Clemente)

CURAS PELA QUÍMICA OCULTA

Realidades suprafísicas na Medicina

Cultrix/Pensamento

São Paulo

Os recursos gerados pelos direitos autorais dos livros do Dr. José Maria Campos são revertidos em trabalhos de pesquisa sem fins lucrativos e que não se vinculam a instituições, organizações, seitas ou entidades de qualquer tipo.

Capa e Ilustrações:
Teresa Schlosser

Edição	Ano
2-3-4-5-6-7-8-9-10	96-97-98-99

EDITORA PENSAMENTO LTDA.
Rua Dr. Mário Vicente, 374 - CEP 04270-000 - São Paulo, SP - Brasil
Fone: 272-1399

Impresso em nossas oficinas gráficas.

A redenção, obra supra-humana, envolve fundamentalmente energias e fogos. O homem colabora nela quando permite que seus corpos e consciência sejam transformados. É nesse cadinho — o seu ser — que uma química oculta se deve processar, fundindo elementos, harmonizando campos de energia, plasmando na forma expressões mais próximas da perfeição.

NOVOS ORÁCULOS,
de Trigueirinho

SUMÁRIO

INTRODUÇÃO

O grau de maturação atingido pela consciência do homem moderno permite-lhe reconhecer o universo como um grande laboratório de energias onde a todo instante forças são geradas, dissipadas, transformadas, num processar infinito, ininterrupto e único.

Tão intenso dinamismo permeia também o ser humano e as partículas que compõem seus corpos materiais[1], instrumentos para sua manifestação no mundo. Nessas partículas, processos perfeitos e sábios podem facilitar a harmonia do ser com o universo que o rodeia.

Certas práticas terapêuticas e medicamentos sutis favorecem o estabelecimento de um equilibrado padrão vibratório nos corpos materiais do ser humano, preparando-os para serem impulsionados com maior intensidade por energias evolutivas. Para que essas práticas e medicamentos cumpram, porém, sua função, é preciso transcender a visão material da vida, dado que uma parcela mínima das doenças pode ser curada com a focalização limitada ao aspecto externo do ser. É nos potenciais sutis de cada indivíduo e de cada partícula que está a chave para a ativação de uma química oculta, base de uma existência pautada por padrões arquetípicos.

Essa química oculta, da qual se começa a ter consciência pela abertura ao mundo interior, supramental, é aquela que, dinamiza-

[1] Referimo-nos ao corpo etérico-físico, ao emocional e ao mental, que compõem a personalidade humana.

da pelas energias superiores do ser, o leva a aproximar-se do equilíbrio e a sintonizar com vibrações elevadas e evolutivas. Tal aproximação, porém, nem sempre ocorre por um caminho direto. Atos negativos do passado mais a inconstância do indivíduo no estabelecimento e na manutenção de sintonia inabalável com a vida superior não lhe permitem avanços sem retrocessos. As provas e crises pelas quais ele passa em seu desenvolvimento, se transcendidas positivamente, vão consumando os reequilíbrios. A disposição para cultivar qualidades superiores contribui consideravelmente nessa senda: amplia a atuação dessa química oculta, fundamento de transformações benéficas inesperadas.

As partículas dos corpos materiais do homem são sensíveis e capazes de responder às energias que as tocam. As atitudes, emoções, pensamentos, estados de ânimo e nível de consciência em que o ser se polariza influem sobre seus corpos e podem propiciar ou impedir que a harmonia neles se instale.

Há medicamentos que são mensageiros do estado de harmonia; têm a função, se assim se pode dizer, de "lembrar" a um conjunto de partículas, de células e de órgãos a maneira correta de se relacionarem entre si e com o que lhes chega. Para poder atuar em vários planos e conseguir restabelecer no indivíduo seu estado de equilíbrio, esses medicamentos trazem consigo uma vibração isenta de desvirtuamentos e conflitos.

Poderemos compreender a ação de medicamentos obtidos segundo essa perspectiva se tivermos presente que a química é um desenrolar de inter-relações, e que, em seu aspecto oculto, está voltada para inter-relações energéticas, para mecanismos de interação de partículas materiais e sutis. A personalidade humana em geral existe e trabalha com base na energia do atrito, da fricção. Isso inevitavelmente implica desgastes e choques contínuos entre forças de contração e de expansão, centrípetas e centrífugas, que ora aglutinam energias, substâncias e objetos, ora os dissipam. Essa oscilação cria nas pessoas identificadas com a vida externa um estado de incerteza e insegurança, que vem da prevalecência do efêmero, do transitório e do passageiro, próprios dessa vida fundamentada em leis materiais e na química comum e natural.

Quando a consciência é atraída para padrões superiores, uma energia mais elevada passa a ser contatada, dando condições à química oculta de atuar nos níveis materiais. Essa energia sutil e interna conhece os mistérios da alma e age de acordo com o destino por ela escolhido. Obedece sobretudo às leis evolutivas, leis de similaridades vibratórias. Por isso, sua influência na cura é aprofundada quando o paciente se abre para a harmonia e a paz, quando se deixa tocar pelo mundo espiritual.

Levando isso em conta, enumeramos a seguir algumas atitudes e disposições que facilitam a ação dessa química sutil:

- Manter-se polarizado nos níveis mais altos de consciência.
- Distanciar-se dos estados de desânimo e autocomiseração.
- Não encarar a doença como um adversário; pelo contrário, vê-la como um aliado que nos indica falhas em nosso comportamento. Para isso é importante observar o que ela está sinalizando, em termos de necessidade de purificação e de transformação interiores. É preciso aceitar a oportunidade de reequilíbrio trazida por uma doença, dedicando-se a curar não só seus sintomas mas, principalmente, suas causas: em geral, atitudes ou estados de ânimo.
- Vigiar para evitar envolvimento com situações de conflito, e optar sempre pelo que traz harmonia para a vida individual, grupal e planetária.
- Aderir sem resistências aos impulsos evolutivos que emergem do mundo interior.

- Evitar atividades desnecessárias.
- E, sobretudo, servir, imbuído de amor incondicional — fonte de cura para todos os males.

Cada indivíduo é uma preciosidade para a vida universal. Quando vai ao encontro dele, a cura fornece os meios mais adequados possíveis para que suas capacidades latentes aflorem. Tal trabalho requer, porém, impessoalidade, pois, acima de qualquer aspecto externo, a cura baseada na química oculta ressalta a realidade perfeita que o indivíduo traz em seus níveis profundos. Ela atrai essa realidade para a superfície, remove desarmonias e dá condições de a verdade interna refletir-se na matéria.

O curador trabalha essencialmente com energias e vibrações, puras ou condensadas nas formas e nos seres. Segue percepções intuitivas e, ao somá-las ao conhecimento prático, procura unir matéria e Espírito, pólos que devem estar integrados para que um novo estado vibratório se implante nos seres humanos e neste sofrido planeta.

Cada paciente traz em si as indicações da melhor solução para a própria enfermidade, e uma mesma enfermidade em indivíduos diferentes pode ser curada de maneira distinta; obviamente, numa perspectiva como essa, os tratamentos não podem ser massificados.

Embora não se deva ter ilusões em relação a uma mudança espontânea dos desvirtuamentos que dia a dia se avolumam nas práticas terapêuticas desta civilização, estamos a colaborar com uma nova visão, sem pretender criar nova modalidade de medicina. Dispomo-nos tão-somente a partilhar experiências, sem outro propósito que o de legar aos interessados formas de tratamentos de comprovado poder de cura e transformação. Que nossas palavras sejam, contudo, mais que meras informações e ecoem o chamado que hoje soa no interior de muitos, exortando-os a servirem ao bem universal.

INTUIÇÃO E CURA

Ao estar em quietude e em silêncio, às vésperas de um encontro de médicos do qual participaria, foi-me mostrada internamente uma imagem muito sintética: um grupo de médicos vestidos de branco, sentados em semicírculo diante de uma maca vazia, coberta também de branco bem puro. Era como se estivessem perante um mestre, sendo instruídos.

Ainda permeado pela energia irradiada dessa imagem, compreendi que o verdadeiro conhecimento nos seria transmitido à cabeceira do paciente, ou seja, ao assumir cada um sua tarefa, e não por intermédio de livros, teorias ou sistemas. Com nossa abertura e entrega à Sabedoria Suprema que tudo guia, teríamos as orientações para nos conduzir com acerto nas situações que fôssemos encontrando. Nosso instrutor seria a necessidade; nosso impulso, o amor ao Serviço.

Essas impressões ficaram bem vivas na minha consciência e realmente não faltaram respostas do mundo intuitivo para as demandas que no dia-a-dia se foram apresentando. As bênçãos e as energias dos planos sutis jorram sobre a Terra sem cessar, e ao homem basta percebê-las, acolhê-las e a elas responder com prontidão. Pudemos constatar isso em nossa experiência.

O contato com tais planos, todavia, requer atenção e vigilância contínuas, pois ele não se anuncia nem escolhe circunstâncias para estabelecer-se. Se o indivíduo não está na correta sintonia, os impulsos superiores que lhe chegam são tragados e envolvidos pela turbulência que idéias e emoções geram em sua vida psíquica. A ausência de expectativas, a serenidade e o total esquecimento de si são as chaves que abrem as portas para as vibrações desses planos se imprimirem em sua consciência externa.

Para se fazerem ouvir por nosso consciente, as vozes do mundo intuitivo usam as mais diversas formas, tais como imagens, impressões, sonhos, idéias. Expressam-se, porém, sem alarde, em silêncio e sem provocar qualquer reação emocional ou mental. Mais do que nunca, o contato com esse mundo se torna essencial aos seres humanos, pois traz respostas e soluções precisas para os inúmeros e desconhecidos desequilíbrios que cada vez mais se apresentarão em toda a face da Terra. Traz, também, impulsos preciosos para os que optaram pelo caminho ascensional.

Muitas vezes, em momentos de silêncio, foram-me mostrados por vias intuitivas aspectos internos de enfermidades a serem sanadas em pessoas com quem me relacionava. Em alguns casos eram enfermidades para as quais não se conhecia tratamento; guardava então as impressões recebidas, colocava-me aberto e em oferta à Fonte de onde haviam emanado e orava. Passado um tempo, ao andar pelo campo colhendo ervas, por exemplo, era atraído por uma planta determinada, que de certa forma me parecia familiar, sem me lembrar, porém, de ter tido qualquer experiência anterior com ela. Acolhendo-a em meu ser, sentia emergir misteriosamente em minha consciência as indicações sobre sua aplicação em situações específicas. Tais encontros sucediam-se de modo inesperado e oculto, mas sempre relacionados com necessidades objetivas. As respostas chegavam quando essas necessidades se apresentavam, conforme fora prenunciado pela imagem antes descrita.

Obter tais indicações requer, como vimos, o recolhimento, a captação e a guarda de impressões, a abertura e a oferta à fonte, a oração. Também a ordem, a precisão, a pontualidade, a presteza e a firmeza devem estar presentes no indivíduo e no ambiente em que vive para que as energias supranaturais possam ancorar.

Em um trabalho de cura autêntico é essencial a abertura para o desconhecido, porque a maioria das soluções não se encontra nos planos conscientes. A humanidade, nos próximos tempos, ver-se-á diante de desafios jamais imaginados, em todos os setores, e a saída só poderá ser encontrada a partir dos impulsos de energias supranaturais.

Os relatos que se seguem são um depoimento vivo do cumprimento da lei segundo a qual toda necessidade traz consigo o suprimento que lhe corresponde.

Perguntas e Respostas

Podendo-se ter acesso ao verdadeiro conhecimento pela entrega à própria consciência intuitiva, qual é o papel da formação acadêmica? Ela seria dispensável?

A ciência, tal como é desenvolvida hoje, está perdendo o vínculo com a verdadeira realidade do homem e do universo, pois o orgulho da mente racional fez com que o ser humano esquecesse a essência de todas as formas. Todavia, se essa ciência for expressa de maneira correta, deverá ajudá-lo a desvelar os mistérios da existência e levá-lo a reconhecer o macrocosmo e o microcosmo como manifestações de um único organismo vivo que se expande, se transforma e evolui.

Em vista disso, a formação acadêmica não deve, em princípio, ser excluída, desde que se tenha como premissa buscar inspiração nos níveis superiores de consciência. Ainda que não tenha sido este o caminho normalmente trilhado pela ciência atual, ela sempre recebeu ajuda dos mundos internos. Como se sabe, as grandes descobertas científicas que modificaram o destino material da superfície do planeta imprimiram-se já prontas na mente dos seus descobridores. Essas descobertas, inspiradas e dirigidas por Consciências Maiores que regem a evolução da Terra, não teriam sido possíveis, no entanto, se não houvesse estruturas mentais humanas capazes de decodificá-las.

Como distinguir se as respostas e soluções que nos ocorrem têm origem no plano intuitivo ou em nossa própria mente?

Para entrar em contato com o mundo intuitivo, para trilhar esse caminho de uma forma real e segura, o indivíduo necessita passar por um período de formação. As indicações para isso são claras: auto-esquecimento, abertura e entrega aos níveis superiores de consciência, ausência de expectativas e serviço incondicional ao Plano Evolutivo.

Para trabalhar de maneira pura e desimpedida, é preciso ainda eliminar qualquer desejo, mesmo oculto, de captar mensagens e instruções internas. Se essa ambição existe, nosso consciente pode colocar-se entre a inspiração e o cérebro físico e manipular o que é captado segundo seus interesses.

Ao se iniciarem os contatos, vai-se aprendendo, pouco a pouco, a reconhecer as diferenças de vibração entre o que se recebe por intuição e o que faz parte do próprio mundo psíquico. O desapego por tudo e o não-envolvimento com as situações externas constituem uma base segura para esse reconhecimento. Deve-se estar sempre vigilante e evitar ao máximo as armadilhas do ego. Além disso, o acompanhamento de um ser experiente, que surge quando necessário e sem que seja procurado, pode representar grande auxílio para encurtar o caminho e evitar desvios.

Tudo o que nos vem do plano intuitivo traz sua vibração característica, não provocando, portanto, alarde nem agitação no nível emocional e no mental. A experiência de contato com esse plano chega sem se anunciar e sem escolher circunstâncias, pois não é o indivíduo que a determina ou conduz. Ele simplesmente sabe que está a serviço de um Plano Maior.

Devemos caminhar com fé; com ardor devemos alimentar a ligação com as Hierarquias espirituais[1] e, principalmente, ser fiéis às percepções positivas e autênticas que nos chegam por diferentes vias. Assim, encontramos a certeza interna de estar no caminho correto.

Em que se baseia essa lei de que toda necessidade traz consigo o suprimento que lhe corresponde?

Embora a vida externa da humanidade se tenha desviado muito dos padrões de equilíbrio, pode-se perceber que toda a exis-

[1] **Hierarquia espiritual**. Conjunto de elevadas consciências que, entre outras tarefas, inspiram e conduzem a evolução humana a partir dos níveis internos da vida.

tência, inclusive a dos planos materiais, foi programada para conhecer a abundância: cada necessidade já indica os meios para supri-la. Essa lei baseia-se, portanto, em uma qualidade intrínseca à vida, quando esta transcorre de acordo com o Plano Evolutivo.

Em certos reinos, como o vegetal, por exemplo, é notável a ação das energias que os movem, levando-os a uma integração com os recursos do planeta e permitindo que surja uma harmonia perfeita. Nessa harmonia não se observa escassez ou excesso, exceto quando há interferência humana. A humanidade desconsiderou essas simples premissas e fez prevalecer uma série de valores ilusórios que se tornaram, através da luta pela sobrevivência, uma prisão para o homem. Removidas essas ilusões, ele poderá ver que tudo sempre esteve ao seu alcance.

À medida que reconhecemos a meta real à qual devemos chegar e a ela nos dirigimos com fidelidade, a firmeza do próprio caminhar irá atraindo tudo o que precisamos para prosseguir. Se perseverarmos, sem nos desviar ou sem usar incorretamente o que nos for dado, aos poucos vamo-nos libertando das leis materiais que regem a distribuição dos recursos em todos os níveis planetários.

Para ser digno de receber a cada instante a irradiação de cura que gratuitamente flui dos planos internos e gratuitamente deveria chegar a quem dela necessita, um curador em formação precisa conhecer essas leis por vivência direta. Não lhe é dado conduzir essa irradiação por eleição pessoal, pois a lei que a governa deve levá-la aonde é esperada. Só quando sua intenção humana é guiada por uma indicação intuitiva, superior, pode ele participar do fluxo dessa irradiação sem nele interferir negativamente.

Um curador deve, antes de tudo, saber que cada enfermidade guarda em si o meio de ser curada. Este meio pode ser encontrado quando o paciente é receptivo e quando as conjunturas cármicas o permitem. Esse é um aspecto da Lei da Abundância aplicado ao campo da cura, que se torna disponível quando há suficiente fé em sua atuação.

O ser humano, por haver-se desviado das leis superiores, teve que restringir-se ao âmbito das leis materiais e aprender a ganhar o sustento com o suor do próprio rosto. Novas oportunidades estão sendo oferecidas, porém, para os que verdadeiramente trilham o caminho evolutivo: ainda neste presente ciclo, pode-se viver a realidade dessas leis espirituais. Tudo está pronto em certo nível da existência. Basta ao homem reconhecê-lo.

Que é a cura e que é um curador?

A cura verdadeira nada mais é do que a unificação da vontade superficial com a vontade profunda do indivíduo, correspondendo, portanto, à ligação daquela com os níveis superiores do próprio ser. É somente a partir do momento em que essa ligação interior ocorre que a cura pode dar-se, atingindo também, eventualmente, o plano físico. Se apenas os sintomas são tratados e eliminados, sem que as reais causas sejam também removidas subjetiva e objetivamente, a cura resume-se a um alívio momentâneo desses sintomas. A doença retornará mais cedo ou mais tarde, sob a mesma forma ou em novas roupagens.

Todo terapeuta que procura ajudar o indivíduo a estabelecer o contato entre sua vontade pessoal e a vontade do seu eu profundo pode tornar-se um curador, no sentido espiritual do termo. Mas, para que isso se dê verdadeiramente, ele próprio precisa ter essa união concretizada em si mesmo ou em processo de realização. É, pois, à medida que realiza em si o trabalho de harmonia que se torna capaz de ajudar os outros a se harmonizarem. Cada um irradia o que é e, quando essa irradiação atinge determinado grau de qualidade, torna-se benéfica e curativa. Na verdade, o curador é mero instrumento por meio do qual energias de cura, provindas de níveis superiores de vida e de consciência, podem manifestar-se e irradiar-se para outros homens ou para o planeta. Consciente dessa sintonia, ele não alimenta expectativa alguma quanto a resultados, pois sabe que o essencial na cura é a transformação profunda que ocorre dentro do ser.

Um curador não se dedica, em princípio, a sanar doenças, mas a levar os seres a entrar em sintonia com a perfeição existente em seu âmago. As enfermidades poderão desaparecer em decorrência dessa sintonia e são, por isso, fatores secundários nesse processo. Para harmonizar-se assim, o indivíduo deve abrir-se à realidade suprema presente em seu íntimo. A partir desse contato a cura ocorre por si.

A cura autêntica pode manifestar-se na prática cotidiana dos que trabalham profissionalmente na área de saúde?

A cura verdadeira baseia-se num princípio interior e por isso, de certo modo, independe de circunstâncias externas. Pode acontecer estando o indivíduo em qualquer lugar e em qualquer situação; basta que esteja de fato aberto para transformar-se. Às vezes, porém, para que a cura se dê em profundidade, são exigidas conjunturas energéticas especiais. Há condições externas que facilitam e outras que dificultam esse trabalho.

A exploração comercial implantada nas práticas terapêuticas constitui grande e sério obstáculo à cura. Ela pode fazer parte das atividades de um curador em formação, mas à medida que ele vai assumindo o caminho evolutivo, à medida que se entrega à condução do seu Ser Interno, deve superá-la, para as etapas dessa formação serem aceleradas, encurtadas, e formas de trabalho mais favoráveis serem atraídas para o seu dia-a-dia. A necessidade de cura hoje é imensa em todos os níveis do planeta, mas poucos são os que de fato se abrem a ela e os que se colocam como instrumentos puros para sua realização.

Na maioria dos casos em que se constata a necessidade de cura de um indivíduo, ou seja, a necessidade de ele se religar ao caminho do Espírito, o que se pode fazer por ele diretamente é ajudá-lo a manter a atitude de entrega e deixar que as energias dos mundos sutis ajam, pois elas são as verdadeiras protagonistas dos autênticos processos de cura.

Qual a relação entre a remoção do sintoma e a cura autêntica? Pode existir uma sem a outra?

A cura verdadeira pode realizar-se nos planos internos do indivíduo independentemente da resposta de seus veículos externos. Quando certos desequilíbrios já se alojaram no físico, nem sempre é possível saná-los, pois a matéria tem suas leis, algumas irrevogáveis em determinados casos. A cura é real quando o indivíduo se abre para viver de acordo com o padrão superior que desde sempre lhe esteve destinado, quando sua vontade humana se entrega à Vontade que habita em seu interior e é sua própria essência.

O homem foi criado para expressar arquétipos elevados, isento de doenças, conflitos e desarmonias. Seus corpos foram construídos para refletir esse padrão superior. Ao esquecer sua origem e seu destino espirituais, o equilíbrio se desfez e a doença manifestou-se por meio de suas inúmeras formas.

"A complexidade de um processo cármico[2] é sobreposta pela entrega. O curador deve ter claro que tudo o que ele necessitar lhe chegará, e nunca deve deixar-se tomar pela dúvida. A fé há de ser seu escudo", diz o livro A FORMAÇÃO DE CURADORES[3].

---

[2] Por processo cármico entende-se as etapas de superação dos vínculos criados no passado por ações embasadas em forças humanas. Essa dissolução requer grande empenho de energia do indivíduo e se consuma realmente quando ele se deixa conduzir por seus núcleos de consciência profundos.

[3] De Trigueirinho, Editora Pensamento.

DEGENERAÇÃO ARTICULAR

Cura pelo ARTRIN

Enquanto realizava atento e em silêncio um trabalho interior com símbolos que estimulam os centros do consciente direito[1], vieram-me à mente impressões sobre um ser que eu tratava clinicamente e acompanhava.

De forma direta e sintética, sem imagens, foram-me apresentados aspectos de sua vida anterior que estão por trás das condições em que hoje se encontra, esclarecendo em parte sua situação. Aquela tinha sido uma encarnação na qual seu livre-arbítrio atuara de forma bem marcante, levando-o por descaminhos e desviando-o de sua meta evolutiva, o que fez com que grandes cargas de energias negativas fossem geradas e acumuladas.

Em sua vida atual, a princípio tudo parecia correr bem. Exercia atividades positivas, a despeito de seu livre-arbítrio continuar preponderante e de o caminho que trilhava não corresponder ao que o seu Espírito lhe havia traçado. Aos trinta e três anos sofreu

---

[1] Centros energéticos que vêm substituir o antigo sistema dos chacras, principalmente nos seres que responderam ao chamado evolutivo dos tempos atuais. Esses centros são: centro cerebral direito, centro cardíaco direito e plexo cósmico direito. Para serem despertados, precisam encontrar no indivíduo uma franca abertura à transformação. Podem ser ativados com a ajuda de exercícios específicos, realizados com símbolos. Vide MIZ TLI TLAN — *Um Mundo que Desperta* e BASES DO MUNDO ARDENTE, de Trigueirinho, Editora Pensamento.

um acidente automobilístico grave, que lhe causou séria fratura da cabeça do fêmur esquerdo e outras, secundárias, no pé. Entre o impacto do choque e o inteirar-se, quase em seguida, daquela situação, produziu-se um hiato no tempo, no qual sua consciência deixou temporariamente o corpo e assistiu de fora ao desenrolar dos fatos. No cérebro físico ficou impresso apenas um rápido *flash* no qual percebera, de modo figurado, a morte bem atrás de seu ombro. O desfecho, contudo, não lhe foi fatal.

Esse acidente provocou-lhe seqüelas e crises profundas, que o levaram a peregrinar durante cinco anos por especialistas e hospitais. Uma artrose progressiva do fêmur fraturado limitava sua locomoção e o impedia de levar a vida de antes. Invadiu-o grande sentimento de frustração, após inúmeras tentativas infrutíferas de fugir de si, recuperar seu antigo caminhar, manter suas motivações anteriores, interesses, condicionamentos, hábitos e tudo o que não mais lhe correspondia. Por várias vezes tinha vislumbres de violentos desastres e incêndios, como se estivesse sob perene ameaça de destruição.

No exato momento em que esse indivíduo vira a morte junto a si, no acidente, seu Ser Interno reconheceu o potencial de transformação existente nos seus corpos materiais e decidiu manter-se encarnado; caso contrário, ter-se-ia retirado, cortando-lhes o fio da vida. No choque violento do acidente, grande parte da carga negativa trazida de sua vida anterior, condensada no fêmur, foi eliminada, transmutada e dissolvida. Permaneceram, entretanto, resquícios da atuação do livre-arbítrio, responsáveis pela artrose desse osso. A perna esquerda simboliza o caminhar determinado pelo livre-arbítrio, em geral fora da Lei, razão de todo o impacto ter-se concentrado nela. A cabeça do fêmur representa a contraparte da energia mental nesse osso e, o pé, seu elemento ativo.

Quando o conheci, anos depois, após viver uma sucessão de

sofrimentos e dores, iniciamos um tratamento; percebi, porém, que ele ainda insistia em buscar fora a solução que já estava pronta dentro de si. O tempo transcorreu e, ao alcançar outro grau de amadurecimento e após ter dado certos passos internos, voltou a pedir-me auxílio, porém, desta vez, mais aberto para a cura.

Da primeira vez que esse ser me pedira ajuda, um preparado chamado ARTRIN foi concebido especialmente para ele, mas não o encontrou aberto o suficiente. Da segunda vez, todavia, o mesmo preparado foi determinante para a melhora de suas dores e do processo inflamatório e degenerativo que acometia a articulação da coxa com o quadril.

Esse medicamento, composto de três ervas — erva-baleeira, mentrasto e tanchagem — que atuam sinergicamente, cria uma conjuntura energética específica para a regeneração dos ossos, articulações e estruturas afins, quando acometidos por processos inflamatórios e degenerativos.

A erva-baleeira possui grande capacidade para concentrar forças etéricas que lhe dão poder regenerador e cicatrizante e ajudam a amortecer e a dissolver a carga de energia mental-psíquica negativa que chega aos ossos e às articulações. Sua estrutura piramidal, invertida, absorve forças etéricas do cosmos e as converge principalmente para a região da raiz.

A tanchagem exerce acentuada ação antiinflamatória e colabora com a dissolução dessa carga mental-psíquica que tende a se depositar nos ossos e articulações, atenuando assim a destruição provocada por ela.

A ação do mentrasto, purificadora, remove todos os resíduos resultantes desses processos de catarse osteoarticular, abre vias para sua eliminação mais efetiva e reforça a atuação da erva-baleeira e da tanchagem.

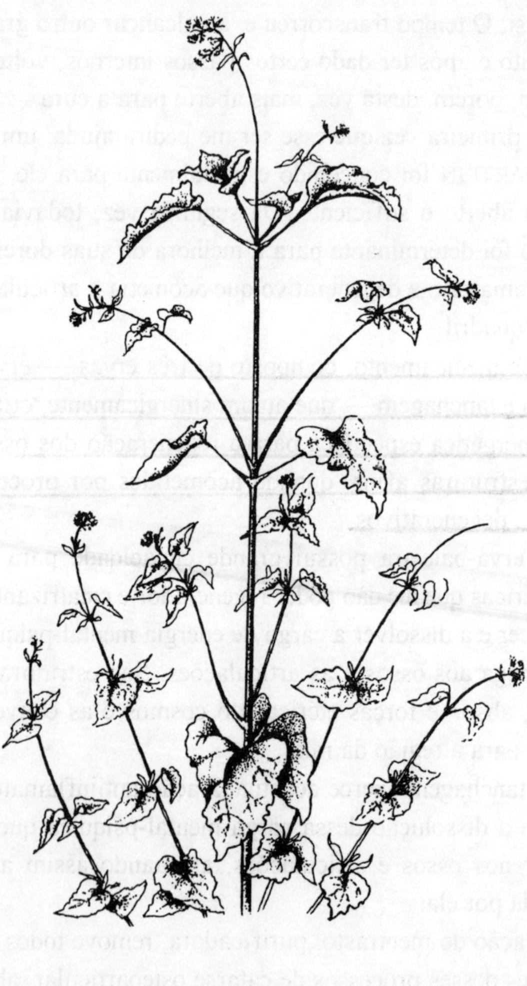

Mentrasto

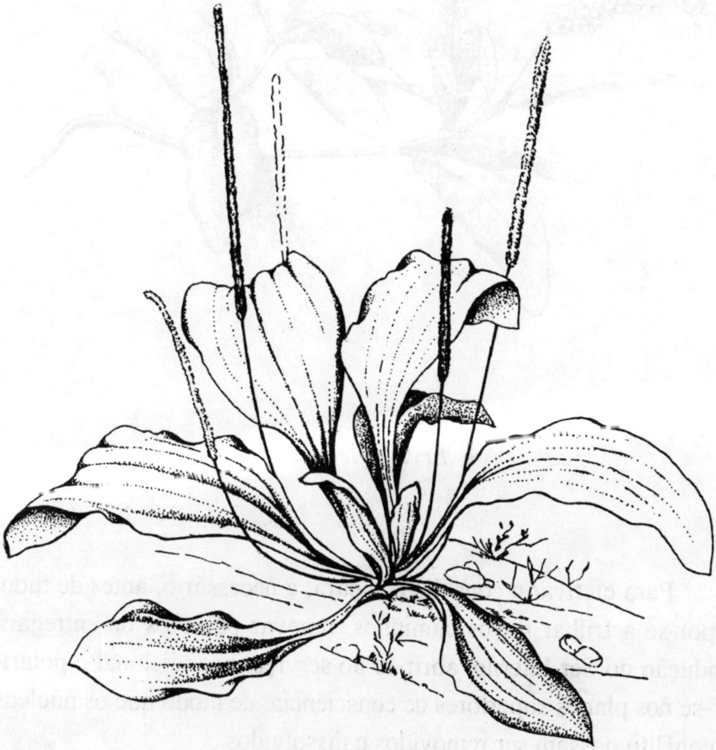

Tanchagem

Erva-baleeira

Para efetivar e consolidar a cura, é necessário, antes de tudo, dispor-se a trilhar novos caminhos, renovar os votos de entrega à condução do Ser Interno, abrir-se ao serviço incondicional e polarizar-se nos planos superiores de consciência, de modo que os núcleos de conflito possam ser removidos e dissolvidos.

Uma química voltada para a transformação e transmutação das substâncias e energias dos corpos materiais dos seres[2] é baseada em leis precisas e sábias, e atua hoje de modo especial na cura e

[2] No caso do homem atual: corpo físico-etérico, emocional e mental.

no equilíbrio de todas as desarmonias. Oculta e sutilmente, já está trabalhando nesses corpos, dinamizando seus processos e substâncias; representa a contraparte manifestada da ação de potentes energias cósmicas curativas.

Perguntas e Respostas

Foi dito que o medicamento não encontrou o indivíduo aberto o suficiente para a cura; pode-se pressupor, em vista disso, que é preciso ter fé para o preparado agir?

A princípio, o indivíduo ainda não estava totalmente aberto à transformação, e a verdadeira cura somente pode ocorrer quando ele está pronto a abandonar o que é velho em si mesmo e a assumir sua real identidade, interna e oculta, identidade que é a própria essência de seus níveis superiores. Somente os impulsos advindos desses planos podem promover essa transformação.

A fé, energia típica do eu superior, pressupõe uma abertura a esses níveis supra-humanos para que possa permear a consciência externa do ser, pois é ela que possibilita reconhecer e aceitar aquilo que não se vê e que é realidade nesses níveis. A cura autêntica, portanto, só pode ser vivida e reconhecida por meio da fé — chave para se contatar esses mundos sutis e receber deles as energias e impulsos necessários à própria transformação. Por isso diz-se que sem fé não pode haver cura, pois sem ela ocorre apenas a remissão superficial e temporária dos sintomas, já que os núcleos mais profundos dos desequilíbrios, não sendo dissolvidos, farão com que a doença retorne de outro modo.

No caso narrado, que passos internos deveriam ser dados pelo indivíduo para que ele pudesse estar mais aberto à cura?

Enquanto o indivíduo ainda necessitar usar o livre-arbítrio como instrumento de aprendizagem e crescimento, fatalmente trilhará um caminho de dor e sofrimento. Essa é uma forma de fazê-lo recordar-se de sua verdadeira origem espiritual, de trazê-lo de volta de seus descaminhos e de levá-lo a sentir falta da "casa paterna", como na parábola do Filho Pródigo[3]. Quando ele começar a transcender o livre-arbítrio, a se abrir e a se entregar à condução do seu Ser Interno, estará maduro para passar por processos de cura mais abrangentes e profundos.

Diante da afirmação de ter sido o ARTRIN concebido especialmente para o caso descrito, pergunta-se: pode ser útil também em casos semelhantes?

A dificuldade de um indivíduo pode servir de instrumento

[3] Vide Lucas 15, 11-32.

para a manifestação de um medicamento útil aos demais. Todas as desarmonias e doenças, em última análise, advêm do não cumprimento do propósito maior do ser humano na vida material, e há desvios nesse caminho comuns a seres que apresentam tendências semelhantes. Observa-se muitas vezes que, ao surgir, sob inspiração intuitiva, um preparado para um indivíduo, quase ao mesmo tempo aparecem outros seres que também se beneficiariam com ele. Por meio do ser que motivou essa manifestação formam-se conjunturas que atraem a revelação dos constituintes do medicamento e das suas formas de elaboração e de uso.

O significado dado à perna, à cabeça do fêmur e ao pé é válido apenas nesse caso, ou há um simbolismo geral ligado às doenças e partes do corpo?

A compreensão de um símbolo está sempre vinculada aos elementos que o exprimem e à conjuntura em que está inserido; por isso, em geral, não se pode generalizá-la. Ademais, o corpo humano foi criado com requintes de perfeição inconcebíveis pela mente racional. Tudo nele foi planejado para que se tornasse um templo vivo do Espírito e possibilitasse sua manifestação no mundo material. Construído a partir de leis plenas de sabedoria, apresenta uma rede complexa e harmônica de intrincados mecanismos de funcionamento, irreproduzíveis artificialmente. Seus diversos órgãos, sistemas e funções foram feitos para servir de instrumentos a esse Espírito que, ao permeá-los com impulsos provindos de esferas cósmicas, participa diretamente da redenção, cura e elevação da matéria em geral. Cada parte do corpo desempenha, pois, tarefas específicas para a realização do propósito de seu Ser Interno.

Ao ignorar esse propósito, o ser humano interfere com o livre-arbítrio no equilíbrio e nas interações sutis de seus corpos: bloqueia o correto fluir da energia e gera núcleos de conflito, doenças e desarmonias. Esses desequilíbrios refletem-se nos órgãos e funções do corpo físico, que deixam então de cumprir as tarefas essenciais que lhes correspondem. Algumas das relações entre a desarmonia interior e a resposta dos corpos são mais explícitas, enquanto outras são mais profundas e ocultas, acessíveis apenas ao conhecimento intuitivo. O estudo dos símbolos, por estimular essa vida intuitiva, é uma porta para se penetrar nesses mistérios da criação.

Que significa "polarizar-se nos planos supramentais de consciência"?

O ser humano vive em vários planos de consciência concomitantemente:

- Plano físico-etérico
- Plano emocional
- Plano mental
- Plano intuitivo
- Plano espiritual
- Plano monádico
- Plano divino

Os três primeiros constituem os planos materiais e os outros quatro, os supramentais. A desarmonia, a dor e o sofrimento só existem nos três primeiros, onde atua o livre-arbítrio. Para que o indivíduo possa liberar-se das forças em conflito, é necessário que sua consciência se eleve acima dos planos em que elas se encontram. Inútil é lidar diretamente com a energia do nível onde uma situação se desenrola. Apenas quando nos abrimos aos níveis superiores, quando neles polarizamos a consciência, é que podemos receber o impulso capaz de dissolver em nós núcleos resistentes à transformação, núcleos que geram doenças e nos desviam do caminho evolutivo. A verdadeira cura só pode ocorrer quando a vontade pessoal se integra à vontade supramental.

De que forma os medicamentos e certas condições externas podem efetivar e consolidar a cura, uma vez que esta é essencialmente interna?

Os medicamentos são instrumentos auxiliares da cura. Podem veicular energias e impulsos sutis e imprimir no organismo padrões vibratórios superiores. Seu uso abre maiores possibilidades de o indivíduo coligar-se com energias espirituais.

A saúde é conseqüência da cura interior. A energia cósmica, além de promover a transformação sutil no ser, incumbe-se de manifestar os caminhos para a cura no plano material. Pelo uso de determinadas substâncias e procedimentos, inspirados por fontes supramentais, é possível criar uma base que sirva de suporte ao que é realizado pelo Espírito no interior do indivíduo.

O medicamento sutil pode ajudar a cura tanto a partir do sintoma quanto a partir da causa?

Os medicamentos podem atuar em níveis diferentes, dependendo de sua natureza e da natureza da enfermidade que ele ajuda a curar. Pode agir na raiz da desarmonia, dissolvendo-a antes que surja como uma enfermidade nos corpos materiais do indivíduo ou pode agir quando essa desarmonia já se diversificou, quando já se manifestou em níveis inferiores ao do núcleo original e desencadeou desequilíbrios e processos doentios.

A indicação terapêutica específica do ARTRIN seria para casos de processos inflamatórios da estrutura óssea ou para situações de uso inadequado do livre-arbítrio?

O livre-arbítrio está por trás de todas as manifestações doentias que acometem o ser humano, que, por desconhecer as leis superiores regentes da expressão da vida nos planos materiais, em geral as transgride. Tal comportamento provoca desarmonias em todos os níveis do ser, desarmonias que se apresentam de diferentes formas e em diversas intensidades.

O ARTRIN é recomendado principalmente nos casos em que uma sobrecarga de forças psíquicas, gerada, por exemplo, pelo uso inadequado desse livre-arbítrio, se reflete na estrutura dos ossos e articulações, causando processos inflamatórios e degenerativos.

Tratar o medo ajudaria o indivíduo a transcender o livre-arbítrio?

O medo existe apenas nas esferas materiais, onde atua o livre-arbítrio. À medida que o indivíduo começa a ser impulsionado por seus níveis supramentais, seus medos podem dissolver-se pela ação liberadora e curadora da energia deles. O tratamento mais eficaz para o medo é, portanto, manter a consciência polarizada continuamente nesses níveis. Assim, também o livre-arbítrio vai perdendo seu poder de determinação e o homem, por fim, entrega-se à condução da vontade superior.

Pela própria natureza do livre-arbítrio, o ato de transcendê-lo e de entregá-lo requer, pelo menos nas fases iniciais, o esforço consciente do ser humano. Quando se avança, porém, nessa entrega, ajudas superiores chegam, dinamizando todo o processo.

Quadro Sinótico do ARTRIN

Composição

- Erva-baleeira (*Cordia verbenacea*), planta toda.
- Mentrasto (*Ageratum conyzoides*), parte aérea florida.
- Tanchagem (*Plantago major*), folhas.

Atuação

- Atua na regeneração da estrutura osteoarticular, quando acometida por processos inflamatórios e degenerativos, causados por sobrecarga de energia mental-psíquica.

Continua ⇒

- A erva-baleeira concentra forças etéricas de grande poder regenerador e cicatrizante, que ajudam a amortecer e dissolver a carga de energia psíquica negativa que chega às articulações. A tanchagem exerce ação antiinflamatória e atua na dissolução dessa carga psíquica, atenuando assim a destruição provocada por ela. O mentrasto exerce ação purificadora; remove os resíduos resultantes da destruição articular, abrindo vias para sua eliminação; reforça a atuação da tanchagem e da erva-baleeira.

Indicações

- Processos inflamatórios e degenerativos de articulações, causados por sobrecarga mental-psíquica: reumatismos, artrites, artrite reumatóide, artroses, gota, entre outras.

Apresentação / Posologia / Formas de uso

Uso interno — Forma dinamizada

- S1: frasco com 30 ml; 5 gotas 3 ou mais vezes/dia.
- S2: frasco com 20 ml; 5 gotas 2 ou mais vezes/dia.
- S3: frasco com 10 ml; 5 gotas 1 ou mais vezes/dia.

Uso externo — Tintura-Mãe

- Sob a forma de compressas úmidas[4], nas regiões acometidas, 1 a 3 vezes ao dia.
- Pode ser misturada também com a argila e aplicada sob a forma de cataplasma de argila.

Continua ⇒

[4] Vide GUIA PRÁTICO DE TERAPÊUTICA EXTERNA, do mesmo autor, Editoras Cultrix/Pensamento.

Observações gerais:

- Os níveis S1, S2 e S3 dos medicamentos correspondem aos graus sucessivos de sutilização da sua energia, obtidos pelo método da dinamização que utiliza a chave $D > C > M$[5]; atuam, por sua vez, em planos cada vez mais sutis dentro do ser.
- Geralmente se inicia o tratamento com o nível S1, dado na freqüência indicada. Terminado esse primeiro ciclo, passa-se para o nível S2, e, ao final desse segundo ciclo, inicia-se com o nível S3, ambos dados também nas freqüências indicadas.
- Essas freqüências constituem uma média geral e são apenas pontos de referência, podendo ser ajustadas de acordo com as necessidades individuais.
- Cada ciclo dura 3 semanas, período que pode também ser reajustado para cada indivíduo. Geralmente os ciclos se sucedem sem pausa entre eles.
- Existem casos, cujos tratamentos podem começar a partir do nível S2, sem passarem pelo S1, ou mesmo os que iniciam já pelo nível S3, também sem passarem pelos anteriores. Existem outros casos, em que o mesmo nível do medicamento pode ser repetido por mais um ciclo de 3 semanas ou estendido por mais tempo.
- As indicações aqui transmitidas correspondem às experiências vividas e seguramente comprovadas pelo autor.

Estas observações gerais são válidas também para todos os medicamentos dinamizados, citados neste livro.

---

[5] Para maiores informações sobre esse método de dinamização, vide O ETERNO PLANTIO, capítulo "Dinamização das substâncias, uma porta entreaberta", do mesmo autor, Editoras Cultrix/Pensamento.

SÍNDROME DO PÂNICO

Cura pelo CARBOLYC

Certa vez, participava de uma reunião em que se estudava a ação dos diversos fogos — fricativo, elétrico e cósmico[1] — no ser humano. Acompanhava atentamente o desenrolar das impressões que se produziam em meu ser, procurando seguir o fio invisível que as unia.

Ao se abordar o fogo fricativo, tocou-se no tema do medo, sendo-me dado conhecer, de forma sintética e sem imagens, a presença dessa condição em um membro do grupo que ali estava. Era como se ele tivesse passado, em uma de suas vidas pretéritas, por experiência marcante com o fogo físico. Essa experiência podia ser reconhecida em sua encarnação atual como um estado vibratório que se refletia por trás de suas ações do dia-a-dia.

---

[1] **Fogos**. Energias que sustentam e vivificam o universo manifestado. O fogo fricativo, o mais denso deles, é o inerente à vida nos níveis concretos e manifesta-se por meio do movimento e do atrito. O fogo elétrico ou solar expressa-se por meio de polaridades e atua no sentido de equilibrar a vida universal; caracteriza a vida nos níveis intuitivo e espiritual. O fogo cósmico, o mais sutil deles, exprime-se como poder radiativo que impulsiona a evolução dos mundos e caracteriza a vida nos níveis monádico e divino. O fogo cósmico está na origem da manifestação, na essência de todas as partículas do universo. Cada consciência é uma chispa desse Fogo, que vive no Centro da Criação. Vide A CRIAÇÃO (*Nos Caminhos da Energia*), de Trigueirinho, Editora Pensamento.

Intensa compulsão pela atividade, conduzida pelo fogo fricativo, era por ele expressa como eco dessa experiência; tal atitude preservava-o, todavia, de quaisquer bloqueios que pudessem advir dos reflexos paralisantes desse medo subconsciente. Dedicava-se ao trabalho evolutivo, estava entregue e aberto ao serviço, e agia sob forte impulso para atender às necessidades à sua volta, fatos que eram sinais claros da ação do fogo da alma (fogo elétrico), que começava a se fazer notar para curá-lo e redimi-lo. Percebi que, nesse caso, poderia ser útil a aplicação de um medicamento sutil que viesse ajudar os corpos desse ser a permitir, de modo mais pleno, o fluir dessa ação.

Ao sair de casa para a reunião tinha-me vindo à consciência a imagem de uma planta colhida dois dias antes nas faldas de uma colina e que exercera forte impressão sobre mim. Essa planta voltou-me à mente, de forma mais definida, no final da reunião de estudos, mostrando-me sua ligação com aquele ser.

Esse vegetal, chamado licopódio[2], possui em sua estrutura energética interna um potente fogo sutil que se revela em parte na sua aparência. Ao tato, dá a impressão de estar seco[3]; porém, é vivo e tem uma forma muito precisa, que não se modifica com o tempo. É como se esse fogo, interno e oculto, atuasse sobre a planta, fazendo evaporar a água supérflua e deixando apenas o essencial para a vida nela ancorar. Seu crescimento em área ensolarada, em solo pedregoso, árido e um tanto inóspito, dá também indícios de relativa independência em relação ao elemento água e de afinidade com o calor e com o fogo.

---

[2] *Lycopodium cernuum* — Família Lycopodiaceae.

[3] Essa planta possui um teor de umidade por volta de 50 a 60%, o que é relativamente baixo.

Licopódio

Sua bela estrutura piramidal aponta para o alto, para a luz, e seus ramos laterais, dispostos harmonicamente na horizontal, revelam doação e sintonia com o plano material no qual se desenvolve e se expressa. As extremidades desses ramos, levemente inclinados para baixo, expressam um gesto de pura reverência.

O licopódio guarda, em nível profundo de sua estrutura energética, forças etéricas não diferenciadas por completo, que lhe propiciam a capacidade de suportar condições adversas e de manter-se com vida.

No entanto, o potencial latente e curativo desse vegetal pode ser exteriorizado, em parte, por meio da carbonização de sua estrutura orgânica, vindo a completar-se a liberação de suas qualidades sutis pela dinamização do carvão resultante. A ação de seu poder ígneo no ser humano apóia então o trabalho interno de dissolução dos medos ancestrais, arraigados e incrustados nos corpos e na intimidade das células físicas. A atuação desse fogo purificador e de suas forças vitais regenera as áreas atingidas pela ação paralisante e desvitalizante do medo.

A partir dessas bases, elaboramos um medicamento, dinamizado em diferentes níveis de sutilização — S1, S2 e S3[4] —, que denominamos CARBOLYC.

O medo é um estado vibratório profundamente instalado na consciência do corpo físico do homem. Essa consciência teme a desintegração devido às experiências passadas pelo indivíduo ao longo das suas encarnações, experiências que foram sendo registradas como um padrão vibratório de grande densidade e, ao mesmo tempo, de grande poder de inércia. Vivências marcantes devido à ação poderosa de cataclismos naturais, mortes violentas provocadas pelo fogo, pela água e por representantes do reino animal, bem como a

---

[4] Vide O ETERNO PLANTIO, do mesmo autor, Editoras Cultrix/Pensamento.

fome, pestes, doenças mutilantes, tensões sobre-humanas, entre tantas outras condições, introduziram suas vibrações até no nível atômico do corpo físico, influenciaram parte de sua estrutura genética e perpetuaram-se. Com a crescente compactação da matéria terrestre, esse estado vibratório foi-se solidificando cada vez mais.

A sabedoria do mundo interno, que rege todas essas manifestações, vai, na medida do possível, liberando tais condensados, enquanto aguarda conjunturas mais adequadas para sua transmutação. Isso ocorre quase sempre na esfera inconsciente, com a qual o indivíduo não lida nem deve lidar diretamente.

Como a matéria terrestre trilha hoje o caminho de retorno a patamares mais sutis, e como a estrutura dos corpos do homem também se afrouxa, tais núcleos ocultos podem emergir, em parte, na consciência externa do ser. Quando o indivíduo começa a contatar, de forma mais direta, a vibração desse material, passa a vivenciar momentos de grande angústia e desespero, que abalam profundamente toda a sua estrutura psíquica. Esse estado pode ser ainda agravado se ele, por afinidade vibratória, entra em sintonia com materiais semelhantes, presentes na esfera psíquica do planeta. Esse quadro, denominado de *Síndrome do pânico* pela medicina oficial, constitui uma condição patológica cada vez mais freqüente nos seres humanos.

A atuação de fogos superiores é o que pode dissolver tais condensados. A sintonia do indivíduo com níveis elevados de consciência começa a ativar e a expandir nele o fogo da compaixão, de potente ação curativa. Ao esquecer-se de si e dirigir-se ao encontro das necessidades à sua volta, o indivíduo vai possibilitando que esses estados sejam dissolvidos aos poucos e substituídos pelas vibrações sutis de mundos superiores.

Um indivíduo que fazia uso do CARBOLYC há algumas semanas escreveu-me:

> Ontem aconteceu algo interessante: repentinamente fui aco-

metido de uma indignação enorme contra minha insegurança e impotência em relação a certos aspectos internos, como pensamentos ruins, medos e ansiedades. Em meio a ela, veio-me um pensamento: "Chega! Resolvi acordar".

Em seguida comecei a sentir-me mais seguro e dono da situação. Alguma coisa mudou internamente.

Perguntas e Respostas

Como atua o CARBOLYC em casos de síndrome do pânico?

Como se viu, a síndrome do pânico nada mais é do que o contato com núcleos ancestrais, onde se acham condensadas as experiências de medo vividas no passado. Esses núcleos podem ser formados no decorrer das vidas do indivíduo ou na humanidade como um todo, ao longo de sua trajetória pela Terra. O CARBOLYC ajuda a dissolver tais aglomerados individuais de energia, permitindo à pessoa elevar o padrão vibratório de sua consciência e de seus corpos. Por conseqüência, fecham-se automaticamente as portas pelas quais penetravam os medos coletivos, medos da humanidade.

Porém, para que isso se dê de forma efetiva, é necessária uma transformação radical da atitude perante a vida. Como o medo é uma condição existente apenas nos corpos físico-etérico, emocional e mental, uma vez que o indivíduo focalize a consciência em níveis mais elevados, deles advirá a energia para a dissolução de tais aglomerados. Somente assim a cura real e definitiva pode ocorrer.

Como o medo está de alguma forma impregnado nos corpos de todo ser humano, esse medicamento não seria útil para qualquer pessoa em algum momento?

O medo, por constituir uma condição imposta ao homem desde eras remotas, acha-se impregnado na matéria de seus corpos inferiores, de onde vai sendo liberado e dissolvido aos poucos, na maioria das vezes natural e inconscientemente, pela sabedoria do Ser Interno.

Para que o indivíduo possa receber ajuda, no sentido de acelerar esse processo, é preciso reconhecer o momento exato de oferecê-la, e ainda contar com o seu consentimento interno. Se ele não estiver realmente disposto a transformar-se, pouco se poderá fazer por ele, e sua cura será apenas sintomática e paliativa.

Ademais, para a cura do medo, ou de qualquer outra condição, é necessária a permissão cármica, pois o ser humano encontra-se sob várias conjunturas energéticas, individuais, grupais e planetárias, que até certo ponto o condicionaram. E, além da Lei do Carma, há outras que regem sabiamente todos os processos por ele vividos. Cabe a quem está no papel de curador abrir-se para poder reconhecê-las. Na verdade o curador é apenas um instrumento a serviço de todas essas leis[5].

---

[5] Vide PADRÕES DE CONDUTA PARA A NOVA HUMANIDADE, A FORMAÇÃO DE CURADORES e A TRAJETÓRIA DO FOGO, de Trigueirinho, Editora Pensamento.

O CARBOLYC, pelo que foi descrito, parece trazer grande energia de determinação e persistência. Esse medicamento deveria ser prescrito sempre para pessoas de vontade débil?

Sob determinado ponto de vista, toda condição doentia pressupõe que o indivíduo, em algum momento da vida, deixou de atuar com determinação ou de seguir a vontade superior, colocando-se, conseqüentemente, vulnerável à ação de forças dispersivas e geradoras de toda sorte de desequilíbrios. Porém, em cada situação deve-se reconhecer onde e de que forma a vontade está debilitada, a fim de que sejam encontrados os instrumentos específicos para fazê-la emergir.

Que significa "forças etéricas ainda não diferenciadas por completo"? Como essa característica age no processo de cura?

As forças etéricas, presentes em todos os seres vivos, vão-se diferenciando ao longo da escalada evolutiva, assumindo estruturas cada vez mais complexas. Quanto mais primitivo é o ser, menos diferenciadas estão essas forças, e, portanto, mais concentradas. Essa capacidade vital vai desaparecendo à medida que os seres evoluem e faculdades superiores se desenvolvem.

Nas plantas, essas forças etéricas assumem também estruturas cada vez mais complexas, forças que se vão diferenciando e esgotando, à medida que o vegetal evolui. O licopódio possui, em grande potencial, essas forças etéricas não-diferenciadas, forças que não participam de sua estruturação externa e que permanecem, assim, disponíveis para a cura.

Como o medo passa de uma encarnação a outra?

O ser humano, ao longo de suas encarnações, vai entrando em contato com toda sorte de vibrações, geradas por seus atos e por sua atividade psíquica. Ao final de cada encarnação a síntese das experiências feitas com seus corpos, em todos os planos da existência material, é absorvida na consciência do núcleo reencarnante de seu ser, o Eu Superior. De vida em vida essa carga energética vai passando por transformações, transmutações, purificações e curas, e novas cargas vão-se acumulando. Em cada vida esses elementos do passado participam da formação de seus novos corpos e podem condensar-se até a nível orgânico, gerando nos órgãos deformações, disfunções e doenças, assim como podem permanecer como condensados energéticos nos corpos sutis que, por sua vez, atuam como núcleos de conflito e desarmonia. Quando o indivíduo assume, portanto, por inteiro, sua condição presente em cada encarnação, qualquer que seja ela, ele está diante de uma oportunidade única de reequilíbrio para seus atos, o que lhe possibilita o amadurecimento e a expansão da consciência.

Uma infinita sabedoria e justiça rege os movimentos desses intrincados processos, visando sempre à transcendência dos planos materiais e à evolução superior do ser.

Quadro Sinótico do CARBOLYC

Composição

- Licopódio (*Lycopodium cernuum*), parte aérea carbonizada.

Atuação

- Apóia, pela ação do poder ígneo imanente no licopódio, o trabalho interno de dissolução dos medos ancestrais, arraigados e incrustados na intimidade das células físicas do ser humano.
- Regenera, pela ação das forças vitais do licopódio, as áreas atingidas pela ação paralisante e desvitalizante do medo.

Indicações

- Síndrome do pânico.
- Outras formas de medos, conhecidos ou desconhecidos.
- Ansiedades e inquietações.
- Compulsão pela atividade.

Apresentação / Posologia / Formas de uso

Uso interno — Forma dinamizada

- S1: frascos com 63 comprimidos[6]; 1 comp. 3 ou mais vezes/dia.
- S2: frascos com 20 ml; 5 gotas 2 ou mais vezes/dia.
- S3: frascos com 10 ml; 5 gotas 1 ou mais vezes/dia.

---

[6] Os medicamentos sólidos dinamizados no nível S1, citados neste livro, podem ser também apresentados sob a forma de cápsulas, tabletes ou pó.

VÍCIOS E ILUSÕES DO EGO

Cura pelo AURONIC

Ao reencontrar um conhecido que há muito não via, fez-me ele um forte apelo: queria parar de fumar, mas não conseguia. Várias outras pessoas fizeram-me, pouco a seguir, solicitações semelhantes, demonstrando ser esta uma necessidade mais geral. Eu não tinha consciência, naquele momento, do que estava por trás desses pedidos, mas percebia haver neles um impulso potente e catalisador. Sabia que para o indivíduo levar em frente a decisão de parar de fumar, precisa ter uma determinação inabalável de transformar-se. No mesmo dia vieram-me algumas impressões ainda um tanto indefinidas, que indicavam para essa situação o uso concomitante de ouro e do próprio tabaco[1].

Nos dias seguintes, procurei na região essa planta, e não a encontrei. Passado algum tempo, recebi algumas amostras de metais para produtos que estava elaborando e, entre eles, havia ouro puro. Não tardou muito e encontrei também um belo exemplar flo-

---

[1] Nome científico: *Nicotiana tabacum*, popularmente conhecida como fumo. Vide também GUIA PRÁTICO DE TERAPÊUTICA EXTERNA e O ETERNO PLANTIO, do mesmo autor, Editoras Cultrix/Pensamento, onde são mencionados outros empregos terapêuticos dessa planta.

rido de tabaco, bem próximo de onde trabalhava; entendi assim que havia chegado a hora de toda uma conjuntura, até então oculta, poder expressar-se.

Obedecendo ao que percebia internamente, colhi sete folhas maduras do tabaco e deixei-as à sombra por dois dias, para que murchassem um pouco e se tornassem mais maleáveis ao trato. Distribuí sobre cada folha um pouco de ouro em pó, empilhei-as de maneira ordenada e prensei-as levemente sob uma tábua lisa. Durante três semanas acompanhei de perto o processo gradativo de fermentação, típico dessa planta, pelo qual as folhas vão formando uma substância viscosa, que as vai unindo, até tornarem-se uma massa compacta, de aroma suave.

Algo de misterioso e belo começa a ocorrer nas dimensões internas desse processo, em que se amalgama o mais nobre dos metais a um dos mais potentes venenos vegetais: a nicotina, presente nas folhas do fumo. Pela química oculta, as vibrações solares do ouro, intensas e puras, permeiam aos poucos as vibrações terrestres da nicotina, paralisantes e asfixiantes, transmutando-as parcialmente. O confronto com essas forças materiais densas e o convívio íntimo com elas obrigam, por outro lado, a "consciência" do elemento ouro a um esforço contínuo por superá-las, para manter estável e intacta sua estrutura energética. Isso destaca e amplia nele o impulso à elevação.

Ao completar-se o período de maturação da mistura ouro-tabaco, após três semanas, ela continua ainda sendo trabalhada. O ouro, reforçado em seu impulso à elevação, já não necessita confrontar-se com seu opositor. O tabaco, porém, tendo servido como estímulo para esse exercício de superação, deve permanecer junto do ouro como guia até que alcancem os núcleos e áreas onde se alojaram as vibrações materiais que precisam ser curadas. Nessa etapa, a mis-

Tabaco

tura é posta para secar, sendo carbonizada a seguir, para que a contraparte orgânica da nicotina se desfaça e permaneça apenas seu esqueleto estrutural. O ouro, agora liberado da densa vibração sob a qual vivia, mantém na consciência sutil de seus átomos a aspiração pelo imaterial; o tabaco, por meio de sua estrutura carbonizada e atraído pelas vibrações densas que lhe são afins, aponta o caminho que o ouro deve seguir. A esse carvão resultante, dinamizado em diferentes níveis de sutilização da energia — S1, S2 e S3[2] —, demos o nome de AURONIC.

Um indivíduo que aderiu ao vício de fumar certamente fez uma opção pelo auto-engano e pela ilusão. Essa atitude pode ter sido consolidada inconscientemente, e cultivada desde vidas passadas. Um vício, de qualquer tipo, revela tendência de o indivíduo coligar-se com as vibrações densas do plano material, expondo a matéria dos próprios corpos terrestres à influência delas. A reiterada adesão a vícios, perpetrada em várias encarnações, conduz o ser a descaminhos, retarda seus passos na direção correta, atrai toda sorte de males ou de desarmonias. Ademais, enfraquece o caráter e restringe a capacidade de o ser humano cumprir o próprio papel dentro de uma obra voltada para o bem de todos. Todavia, quando a força interior adquire potência suficiente para sobrepujar essas circunstâncias limitantes, surgem ajudas inesperadas.

Ao observar a evolução do processo descrito, percebi que, no caso daquele meu conhecido, uma cura sutil e bastante efetiva poderia dar-se com o uso da mistura ouro-tabaco, fundidos. Na verdade, o AURONIC constitui muito mais que uma simples ajuda para superar o vício de fumar. Nele encontra-se, sobretudo, um instru-

---

[2] Vide O ETERNO PLANTIO, capítulo "Dinamização das substâncias: uma porta entreaberta", do mesmo autor, Editoras Cultrix/Pensamento.

mento de resgate para equilibrar fatos do passado, um impulso sublime de cura e de perdão.

Perguntas e Respostas

O AURONIC ajuda a deixar o tabagismo apenas quando há decisão inabalável para mudança? Se ela é débil, ele não atua?

A firme decisão por conhecer a verdade e transcender a ilusão sobre si mesmo tem de existir em algum nível do ser para que ele seja ajudado pelas vibrações sutis desse instrumento de cura. A tendência a deixar-se enganar pelo mundo material, por seus envolvimentos e vibrações, é uma condição bem disseminada e arraigada na humanidade, independentemente do fato de o indivíduo fumar ou não. Como na parábola do Filho Pródigo, ele precisa descer ao fundo do poço, para só então querer liberar-se do pesado jugo que são os vínculos com a matéria e iniciar o caminho de retorno à casa paterna. Ao se abrir com sinceridade a esse movimento, sua vontade humana é elevada, pois esse impulso de retorno corresponde a um vórtice de energia que permeia hoje toda a substância e toda a vida, toda a humanidade e toda a Terra.

Algum trabalho na consciência poderia ser feito no sentido de dissipar essa ilusão?

O indivíduo deve procurar lembrar-se continuamente de sua origem e viver conforme as leis espirituais com as quais vai entrando em contato ao longo de seu caminho de retorno. Deve, ainda, abrir-se aos níveis elevados de consciência, onde a ilusão não exerce poder. Só deles podem vir-lhe os impulsos reais de transformação.

Quadro Sinótico do AURONIC

Composição

- Tabaco (*Nicotiana tabacum*), folhas.
- Ouro metálico (*Aurum metallicum*), em pó.

Atuação

- Colabora para o reequilíbrio de fatos densos do passado e dissolve vibrações materiais por eles geradas, constituindo um instrumento sublime de cura e de perdão.
- Atua na dissolução de vícios e ilusões.

Continua ⇒

Indicações

- Diversas formas de vício: tabagismo, alcoolismo, drogas, açúcar.
- Exacerbação das forças instintivas no ser.
- Quadros depressivos e compulsivos.
- Apegos profundos; ilusões; fantasias.

Apresentação / Posologia / Formas de uso

Uso interno — Forma dinamizada

- S1: frascos com 63 comprimidos; 1 comp. 3 ou mais vezes/dia.
- S2: frascos com 20 ml; 5 gotas 2 ou mais vezes/dia.
- S3: frascos com 10 ml; 5 gotas 1 ou mais vezes/dia.

REINTEGRAÇÃO DOS CORPOS

pelo CORALFLOR

O ser humano, ao longo de suas experiências e vivências no mundo material e concreto, com ele se envolveu e identificou de tal forma, que foi sendo cada vez mais atraído pelos seus jogos de forças. Assim, com maior intensidade do que era necessário e previsto, sua consciência ligou-se às solicitações desse mundo. Como conseqüência, seus diversos corpos — o físico, o etérico, o emocional e o mental — enrijeceram-se, dificultando a penetração de impulsos expansivos e liberadores.

Esse estado, agravado pela condensação que fez parte do próprio desenvolvimento da matéria no decorrer dos tempos, propiciou aos núcleos de energia conflitiva gerados pela vida psíquica do homem incrustarem-se na estrutura íntima de seus corpos materiais e aí permanecerem como nódulos estranhos, aguardando o momento de sua eliminação.

Quando os níveis de consciência profundos do indivíduo buscam realizar sua cura, é preciso, muitas vezes, promover a desagregação violenta desses corpos. Afrouxa-se, assim, sua estrutura, e esses nódulos cristalizados podem então ser mais facilmente desalojados e dissolvidos.

Como ilustração disso, narro a experiência de um indivíduo que passou por um processo de cura registrado por ele em sonho:

> Estava viajando com um grupo de pessoas, quando paramos para lanchar. Logo a seguir, alguém me convidou a entrar em uma casa. Dentro dela, observando melhor o local onde estava, vi no centro da sala uma cama. Um indivíduo ali presente pediu que me deitasse nela. Perguntei-lhe sobre a viagem e ele me respondeu, com muito amor, que eu não poderia seguir, sem antes me submeter a um tratamento. Deitei-me e senti muita paz. Ele então começou a introduzir agulhas translúcidas e bem compridas em meu corpo. Senti as picadas ao longo da coluna, nos quadris e nas pernas, até chegarem aos pés, onde se dispensou um tempo maior. Na sola dos pés foi feito um corte de aproximadamente cinco centímetros, bem profundo. Por essa abertura saiu muito sangue, junto com um líquido leitoso e grosso, que ao se misturar com o sangue dava um tom rosado. Após escorrer grande quantidade desse líquido, o ser começou a fechar o corte com movimentos bem harmônicos. Não sei como, mas de alguma forma eu acompanhava todo o desenrolar do processo.
>
> Ao acordar, pela manhã, sentia-me realmente como se estivesse saindo de um pós-operatório; passei o restante do dia meio "aéreo", necessitando de muito repouso. No dia seguinte, continuei com os mesmos sintomas: zumbido forte e estridente nos ouvidos, muita sonolência, pressão na cabeça, respiração longa e pausada, coração lento com batidas fortes, e a sensação de flutuar. Nos dias sucessivos, conheci um silêncio interior que jamais havia experimentado, porém, uma impressão de não estar totalmente presente dentro do corpo ainda persiste.

Conforme mostra o relato, pode acontecer que, após uma intervenção do mundo interno, demore a estabelecer a nova relação dinâmica entre os corpos. Isso deixa o indivíduo como que "pairando nas nuvens" por algum tempo. Também podem ocorrer manifestações que expressem a insuficiente permeação do corpo físico-etérico pela consciência externa (corpo emocional e mental), a exemplo das descritas no sonho, e de muitas outras, tais como estados de sonolência anormal, sensação de "carregar o mundo nas costas", tendência para desmaios, divagações, quadros depressivos.

Desagregações semelhantes podem surgir ainda quando o indivíduo passa por experiências violentas que desconectam e expulsam do corpo físico sua consciência externa, fazendo com que esta tenha dificuldades de reencarnar-se e reajustar-se. Além disso, certas condições podem produzir nos corpos uma espécie de cisão que possibilita a emersão de aspectos que deveriam ser trabalhados indiretamente, pela energia do ser interior. Em todos esses casos, faz-se necessário o fortalecimento do corpo físico-etérico e o acoplamento correto dos corpos sutis para evitar a entrada dc vibrações e forças indesejáveis.

Nesta época de transição em que vivemos, veremos, cada vez mais, grupos de seres humanos mergulharem num estado de desestruturação geral, o que será, muitas vezes, a progressão dessas situações descritas.

Há, porém, na Natureza, plantas capazes de virem em auxílio dessa situação de desequilíbrio. Algumas flores, curiosamente todas de cor lilás (gervão, lobeira e maracujá), ajudam a consciência humana a se encarnar novamente e também favorecem o ajustamento dos corpos entre si. A flor da lobeira atua de forma estruturante sobre os corpos físico-etérico, preparando-os, fortalecendo-os e consolidando-os para receberem a consciência externa, atraindo-a para si. A flor do maracujá promove a coesão do corpo emocional, e a flor do gervão age semelhantemente com o corpo mental, o que leva todos eles a se unirem em harmonia.

Lobeira

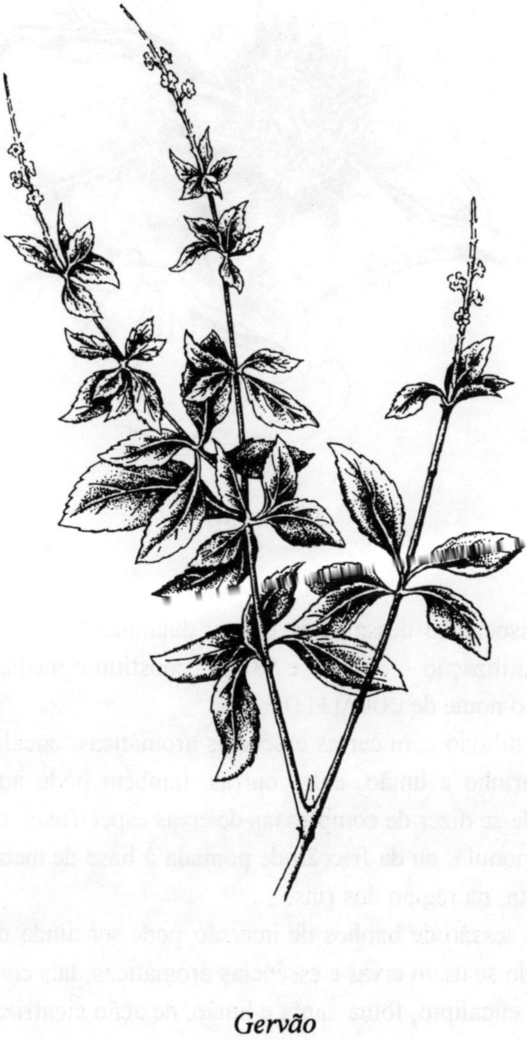

Gervão

Maracujá

A associação dessas três flores, dinamizadas em diferentes níveis de sutilização — S1, S2 e S3[1] —, constitui o medicamento a que demos o nome de CORALFLOR.

O pedilúvio com certas essências aromáticas: eucalipto, hortelã, rosmarinho e limão, entre outras, também pode auxiliar. O mesmo pode-se dizer de compressas de ervas específicas, como carqueja e camomila, ou da fricção de pomada à base de metais, como cobre e prata, na região dos rins.

Uma sessão de banhos de imersão pode ser ainda de grande valia, quando se usam ervas e essências aromáticas, tais como hortelã, anileira, eucalipto, folha-santa e limão, de ação cicatrizante, cal-

[1] Vide O ETERNO PLANTIO, do mesmo autor, Editoras Cultrix/Pensamento.

mante, regeneradora e refrescante, favorecendo o reequilíbrio sutil dos corpos, bem como o seu fortalecimento[2].

A esse trabalho de cura deveria somar-se a aspiração do eu consciente a se entregar ao ser interior. Portanto, deveria estar sempre acompanhado de sincera e devota oração.

Perguntas e Respostas

Situações que provocam no ser grandes sofrimentos podem ser vistas como instrumentos de desagregação dos corpos com finalidade terapêutica?

Muitas vezes, os sofrimentos são a única forma capaz de promover deslocamentos de energias que precisam ser rearmonizadas no indivíduo, pois ele próprio limitou sua capacidade de responder, em consciência, à condução de seu Ser Interno, e conseqüentemente, de se transformar. Assim, certos sofrimentos podem desencadear afrouxamentos nas relações entre os corpos, fato que, conduzido pelo mundo interno, pode muito favorecer a cura.

---

[2] Maiores informações sobre pedilúvios, compressas e banhos de imersão podem ser encontradas no livro GUIA PRÁTICO DE TERAPÊUTICA EXTERNA, do mesmo autor, Editoras Cultrix/Pensamento.

Todas as doenças constituem, na verdade, uma sublime forma de perdão, pois por elas o ser pode equilibrar pontos cármicos pendentes e estar mais livre para prosseguir o caminho evolutivo.

Já que a desagregação dos corpos visa à cura de nódulos cristalizados, a intervenção no sentido de acoplá-los não prejudicaria tal processo?

A desagregação dos corpos usada como instrumento de cura, conforme descrevemos, é necessária quando há nódulos incrustados e cristalizados na sua estrutura íntima. Esses nódulos podem ser assim desalojados, para sua posterior dissolução e eliminação. Completado esse trabalho, os corpos precisam ser novamente acoplados, pois do seu correto alinhamento depende a manifestação de um propósito maior. Reconhecidos então esse momento e essa necessidade, o indivíduo pode ser auxiliado pelo CORALFLOR, ou por meio dos procedimentos externos descritos.

Existem também condições em que a inter-relação dos corpos é muito rígida; seus movimentos são por isso pouco flexíveis e sua capacidade de resposta aos estímulos superiores limitada. O medicamento ajuda nesse deslocamento e soltura, pois favorece a correta ligação e o correto grau de tensão entre eles.

A ação do CORALFLOR, em última análise, vem a ser a harmonização dos corpos?

O CORALFLOR não só reagrega e estabiliza cada corpo individualmente, mas também promove a correta reintegração e o acoplamento harmônico dos corpos entre si.

Quadro Sinótico do CORALFLOR

Composição

- Gervão (*Stachytarpheta cayenensis*), inflorescência.
- Lobeira (*Solanum lycocarpum*), flores.
- Maracujá (*Passiflora sp*), flores.

Atuação

- Promove a reintegração dos corpos do ser humano, por meio da consolidação de cada um em particular e da interação dinâmica e harmônica entre eles.
- A flor da lobeira atua de forma estruturante sobre os corpos físico-etérico, preparando-os, fortalecendo-os e consolidando-os para receberem a consciência externa, atraindo-a para si. As flores do maracujá e do gervão promovem a coesão do corpo emocional e a do corpo mental, respectivamente, favorecendo a integração deles com os outros corpos.

Continua ⇒

Indicações

- Reintegração dos corpos da personalidade após as seguintes situações:
  - Processos de purificação intensos, com repercussão sobre a estabilidade dos corpos.
  - Estados psíquicos após acidentes e experiências violentas.
  - Doenças agudas debilitantes; grandes sofrimentos.
  - Choques psíquicos de qualquer natureza, marcantes e profundos; quadros de desestruturação psíquica.
- Estados depressivos, alheamento e dispersão psíquicos, ausências.

Apresentação / Posologia / Formas de uso

Uso interno — Forma dinamizada

- S1: frascos com 63 comprimidos; 1 comp. 3 ou mais vezes/dia.
- S2: frascos com 20 ml; 5 gotas 2 ou mais vezes/dia.
- S3: frascos com 10 ml; 5 gotas 1 ou mais vezes/dia.

TRANSMUTAÇÕES NA PELE – I

Cura pela PALICOUREA

Visitando certa vez uma instituição de pesquisas, entrei em contato com um de seus técnicos que, ao final de um positivo encontro, participou-me ser portador de uma doença de pele congênita, caracterizada basicamente pela formação de uma espessa membrana em quase toda a superfície do corpo e pela produção de algo semelhante a escamas de peixe, que se desprende de forma contínua. Apresentava também, eventualmente, crises agudas de intensa reação inflamatória na pele, principalmente sob tensão psíquica, necessitando fazer uso temporário de corticóides[1], única terapia capaz de atenuar os sintomas da doença sem, no entanto, chegar a curá-la.

Fiquei em silêncio ante as impressões que recebi desse ser. Poucos dias após o encontro, sua imagem voltou-me à consciência, associada à de uma planta — douradinha — que vira florida alguns dias antes. Aos poucos fui reconhecendo certas relações existentes entre ambas as manifestações, o que parecia abrir perspectivas de cura daquele mal.

A atividade psíquica — emocional-mental — do ser humano,

---

[1] **Corticóides**. Medicamentos de origem hormonal que exercem potente ação antiinflamatória.

quase sempre egocêntrica e desconectada das fontes superiores de consciência, gera, ao longo do tempo e de sucessivas vidas, toda sorte de resíduos de baixa vibração que, emanados, vão contaminando a aura do planeta e da própria humanidade. Para que a vida na Terra não se extinguisse, asfixiada por essa atmosfera envenenada, um contínuo trabalho de transmutação desse material denso é assumido por seres atuantes nos planos internos da vida.

Parte dessa transmutação cabe ao próprio indivíduo realizar em si, o que lhe custa muitas dores e sofrimentos, por não saber assumir adequadamente a tarefa. A capacidade para lidar com tais resíduos depende do grau de abertura e de contato do indivíduo com o mundo interior, onde atuam fogos sutis, energias capazes de dissolvê-los e eliminá-los. O homem comum, por desconhecer a existência desse mundo interior, não cria condições para esses fogos acenderem-se e dinamizarem-se. Assim, parte do material não-transmutado deposita-se na periferia de seu ser, em planos inconscientes, onde permanece relativamente inerte durante longos períodos, o que lhe permite prosseguir, sem maiores interferências, seu caminho evolutivo.

Com o passar do tempo, porém, esse material desloca-se, desce de plano e densifica-se, sendo envolvido e isolado, para que seu conteúdo não aflore à consciência. Como se trata de concentrados energéticos negativos, todo o esforço é realizado pelo Ser Interno do indivíduo para que não se rompam antes de chegar às fronteiras do corpo etérico-físico, onde podem ser transmutados e eliminados. Essa dinâmica de forças que se transferem para a pele promove nela a formação de membranas espessas e de escamas, típicas da doença descrita no início.

Esse processo constitui, portanto, um caminho de materialização e eliminação, pela pele, de resíduos psíquicos negativos, expulsos pelas vias de menor resistência do ser. Tentar resolvê-lo apenas sintomaticamente é abortar um movimento pleno de sabedoria, que, dirigido pela consciência interna do indivíduo, visa à sua libertação.

A douradinha é uma planta que expressa uma relação íntima com todo esse processo. O pulsar de fogos sutis e ocultos, capazes de dissolver tais condensados de energia, pode ser reconhecido externamente ao se contemplá-la em silêncio.

Douradinha

O crescimento vegetativo dessa planta é muito lento, devido às condições inóspitas nas quais medra. Típica do cerrado, desenvolve mecanismos bem adaptados a esse meio, para sobreviver. Terminada sua bela e radiante floração, perde quase imediatamente as folhas, no final do verão, quando recolhe sua essência para o interior do caule e dos rizomas, preparando-se para o inverno. Vista assim, despida de sua roupagem verde, mais se assemelha a galhos mortos, vítima que é das freqüentes queimadas produzidas pelo ser humano em seu habitat. Um exame mais atento desses galhos secos permite reconhecer neles uma casca espessa, envolvendo o tecido vivo e formando como que uma capa de proteção contra as agressões externas.

No início da primavera, logo após as primeiras chuvas, a douradinha começa a despontar, ensaiando para emergir novamente à luz do sol. Seu crescimento é bastante custoso, pois precisa vencer a resistência sutil que ela própria criou para se defender. Suas folhas, a princípio tenras, logo adquirem uma textura metálica, expressão de fortes resistências existentes na planta. Seus fogos poderosos pressionam essa barreira e interagem com forças cósmicas que lhes chegam, canalizadas pela intensa luz solar. Ao alcançar o ponto máximo de tensão, emergem vigorosamente as inflorescências; rompem as últimas barreiras e crescem mais de trinta centímetros em poucos dias, enquanto o crescimento total de seus galhos não ultrapassa dez centímetros. Lançam uma profusão de botões florais, de flamejante coloração laranja-avermelhada, rompendo trevas e irradiando luz. Esse poder de romper obstáculos e cristalizações transfere-se então para as inflorescências e nelas impulsiona seu exuberante desenvolvimento.

Seguindo o impulso que percebia claro em mim, colhi então a inflorescência mais harmônica de um radiante pé de douradinha que encontrara dias antes, em pleno desabrochar de seus botões florais. Secas, transformadas em pó e dinamizadas em diferentes níveis de sutilização[2], suas flores liberam assim seus fogos e sua luz. Ao atuarem no ser humano, são capazes de queimar e dissolver nele o denso material que encontram, em cada nível que penetram. A esse medicamento demos o nome de PALICOUREA.

Sintonizado com essa energia, abri um livro[3] ao acaso e li:

> "É preciso saber que há um poder libertador que cauteriza as feridas de milênios de engano: é um atributo da energia divina presente no âmago de cada ser".

Perguntas e Respostas

Quando o ser humano é depositário de resíduos de baixa vibração, a PALICOUREA pode ser empregada visando à sua dissolução, independentemente de o sintoma físico estar ou não presente?

A PALICOUREA é específica para circunstâncias em que descargas de energias psíquicas condensadas manifestam-se na pele, conforme foi descrito. Muitas vezes, porém, essa eliminação não

---

2 Vide O ETERNO PLANTIO, do mesmo autor, Editoras Cultrix/Pensamento.

3 NOVOS ORÁCULOS, de Trigueirinho, Editora Pensamento.

chega a exteriorizar-se, a provocar sintomas. Cabe então àquele que está no papel de curador reconhecer a presença de tais condensados, mesmo que não se expressem externamente. Assim, para avaliar corretamente as necessidades em cada caso, deve-se contar antes com as indicações do próprio mundo intuitivo.

As doenças de pele de origem psicossomáticas poderiam ser tratadas com PALICOUREA?

As doenças psicossomáticas de pele são manifestações cuja dinâmica interna revela tentativa do ser de dissolver conteúdos psíquicos que sua consciência não consegue "digerir". Geralmente, nesses casos, são conteúdos de origem mais recente, o que facilita sua transmutação e eliminação.

É possível criar condições para assumir adequadamente a tarefa de transmutação dos próprios resíduos?

A transmutação é uma atividade totalmente inconsciente e dá-se nos planos internos do ser. À medida que assumimos nosso processo ascensional, a capacidade de transmutar as próprias forças e elementos espúrios vai-se elevando e aos poucos abrange esferas maiores. Algumas condições podem favorecê-la:

- Abertura incondicional para a transformação, com entrega sincera e ardente aos níveis superiores de consciência, o que prepara a matéria dos corpos para receber impulsos e energias que a purifiquem e elevem.

- Não-envolvimento com processos e situações dos planos materiais, de forma a propiciar o controle das forças que, em geral, escravizam o ser ao mundo das formas, por meio de pensamentos e sentimentos.
- Oferta da própria vida e da própria tarefa ao Bem universal, em profunda gratidão, sem dúvidas nem questionamentos.

Os resíduos de baixa vibração são isolados para não chegarem à consciência, como proteção ao ser. Ao descerem de plano, todavia, podem aflorar como distúrbios mentais e emocionais, além de físicos?

Esses resíduos, ao descerem de plano, podem ser eliminados em parte ao longo do trajeto e provocar manifestações nesses planos intermediários, o que, por sua vez, diminui a carga a ser recebida pelo plano físico. Conjunturas favoráveis para essa eliminação podem ser criadas pelo próprio Ser Interno, que guia todo esse processo e leva em consideração as possibilidades e limitações do indivíduo, segundo a Lei do Amor-Sabedoria, lei superior que rege todos os processos de cura na humanidade.

Buscar trazer à consciência nódulos inconscientes seria uma ação contrária à cura promovida pela sabedoria superior?

Quando a sabedoria superior do mundo interno reúne e condensa em áreas do inconsciente do indivíduo o potencial negativo gerado por suas ações, sentimentos e pensamentos, ela o faz para liberá-lo do envolvimento com esse material espúrio e permitir-lhe prosseguir, relativamente livre, seu caminho. Assim ele pode ir amadurecendo, preparando-se para um dia equilibrar o que no passado gerou e aguardando as condições propícias para sua eliminação. A adesão do indivíduo ao caminho evolutivo, por si mesma, é capaz de compensar muitos desses elementos cármicos ou ainda predispô-lo para outros processos interiores de cura. O momento e a forma dessa liberação, portanto, só são reconhecidos por vias internas, intuitivas, pois a mente racional não consegue visualizar todas as conjunturas a serem consideradas. Uma intervenção humana como, por exemplo, a de trazer à consciência nódulos psíquicos, sem o embasamento do mundo interior, só produz novos desequilíbrios.

Para uma cura verdadeira, reúnem-se condições internas e externas específicas, só conhecidas nos planos superiores de consciência. Aquele que serve como intermediário nos processos de cura deve abrir-se continuamente a esses planos, e só agir a partir de impulsos provenientes de tal sintonia, se quiser refletir em sua vida e em seus atos a sabedoria superior.

Quadro Sinótico da PALICOUREA

Composição

- Douradinha (*Palicourea rigida*), inflorescência.

Atuação

- Os fogos imanentes da douradinha promovem a queima e a dissolução do material psíquico denso que, ao se aglutinar, faz emergir na pele processos degenerativos.
- Rompe trevas, obstáculos e cristalizações, irradiando luz no ser.

Indicações

- Dermatoses diversas, não-infecciosas: hiperqueratoses, ictioses, eczemas, doenças bolhosas (penfigóide), psoríase, esclerodermias, lúpus eritematoso, entre outras.

Apresentação / Posologia / Formas de uso

Uso interno — Forma dinamizada

- S1: frascos com 63 comprimidos; 1 comp. 3 ou mais vezes/dia.
- S2: frascos com 20 ml; 5 gotas 2 ou mais vezes/dia.
- S3: frascos com 10 ml; 5 gotas 1 ou mais vezes/dia.

TRANSMUTAÇÕES NA PELE – II

Cura pelo CROTONLIC

Dois pequenos tumores superficiais surgiram na pele de um de meus companheiros de trabalho, em áreas do corpo mais expostas ao sol. Como se sabe, esses males de pele têm aumentado de freqüência, devido às irradiações solares cada vez mais intensas no planeta, situação que se acentua pela destruição da camada protetora da atmosfera. As características daqueles tumores, somadas ao fato de que no passado ele tivera outro, maligno, exigiam sua remoção imediata. Além disso, como sua atividade era ao ar livre, precisava proteger-se cuidadosamente, pois era muito sensível ao sol, que estimulava o aparecimento de manchas e feridas em sua pele e acentuava o processo de descamação.

Na noite anterior à cirurgia, esse indivíduo teve um sonho que o ajudou a compreender um pouco mais o que estava ocorrendo consigo. Fatos de encarnações passadas foram revividos oniricamente e a cirurgia a ser realizada foi reconhecida como o pagamento parcial de débito cármico gerado por seu envolvimento, em tempos remotos, com forças psíquicas involutivas e densas, voltadas para a magia. O cirurgião representaria, no plano físico, a ação da Lei do Perdão, e as dívidas cármicas ainda pendentes continuariam sendo trabalhadas por intermédio do serviço altruísta, que esse ser presta atualmente.

O perdão é essencial para a cura, pois representa a oportunidade que o indivíduo tem de equilibrar erros do passado e prosseguir em seu caminho evolutivo. Ao desempenhar uma tarefa evolutiva, dentro da Lei do Serviço, ele está, na verdade, tendo como compensar suas falhas, por mais que tenha agredido a vida.

Essa compreensão ajudou a dar forma a certas impressões que se acercavam de minha consciência em relação a um vegetal que vinha observando e estudando. Esse vegetal, que medra em vastas extensões deste país, podia ser encontrado também na região onde morava. Trata-se de uma árvore, chamada licurana[1], típica de pântanos, brejos e alagadiços, cujas características externas, muito interessantes, ajudam a desvelar sua essência.

Como poucas árvores, adaptou-se perfeitamente ao elemento líquido, sem que ele asfixie suas raízes, impeça ou limite sua expansão. Para fazer frente a tais condições ela possui bolsas aéreas especiais em suas raízes, dentro das quais acumula ar para sua respiração, processo que nela é muito mais acelerado que na maioria dos vegetais de ambientes não alagados. Seus troncos e ramos possuem estruturas microscópicas que permitem trocas muito mais intensas, com o meio ambiente, dos resíduos gerados em suas atividades vitais. Floresce durante sete meses no ano, com frutificação quase simultânea; suas sementes, de grande poder germinativo, são ejetadas a distância por um mecanismo explosivo de seus frutos, o que favorece sua disseminação. Olhadas do alto, as copas dessas árvores parecem fundir-se num único ser, formando uma superfície homogênea.

---

[1] Nome científico: *Croton urucurana*, popularmente conhecida também como sangra-d'água, urucurana, capixingui.

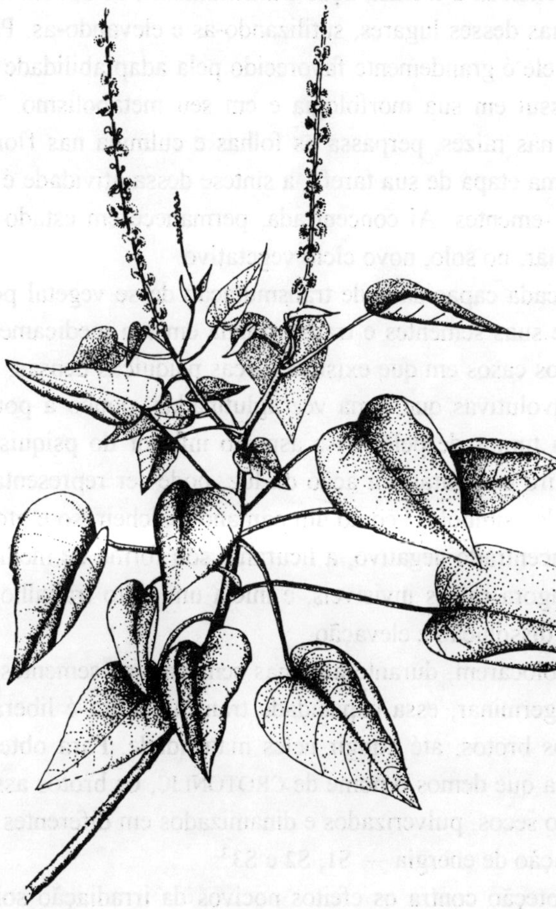

Licurana

No ambiente pantanoso em que se desenvolve, esse vegetal exerce uma silenciosa e intensa ação transmutadora de substâncias e forças próprias desses lugares, sutilizando-as e elevando-as. Para essa atividade ele é grandemente favorecido pela adaptabilidade especial que possui em sua morfologia e em seu metabolismo. Tal ação inicia-se nas raízes, perpassa as folhas e culmina nas flores. Completada uma etapa de sua tarefa, a síntese dessa atividade é introduzida nas sementes. Aí concentrada, permanece em estado latente até reiniciar, no solo, novo ciclo vegetativo.

A destacada capacidade de transmutação desse vegetal pode ser liberada de suas sementes e transformada em um medicamento bastante útil nos casos em que existem forças psíquicas densas, degeneradas e involutivas que, uma vez aglutinadas, pouco a pouco constituem um tumor de pele. Esse aspecto inferior do psiquismo humano, obscuro e refratário à ação da luz, pode ser representado na linguagem dos símbolos[2] como um pântano malcheiroso e atolador. Nesse concentrado negativo, a licurana, sob forma de medicamento, lança agora raízes invisíveis, e inicia um lento trabalho de transmutação, dissolução e elevação.

Ao se colocarem, durante algumas semanas, as sementes de licurana para germinar, essa capacidade transmutadora é liberada aos poucos nos brotos, até atingir neles maturidade. Para obter o medicamento, a que demos o nome de CROTONLIC, os brotos assim germinados são secos, pulverizados e dinamizados em diferentes níveis de sutilização de energia — S1, S2 e S3[3].

Para proteção contra os efeitos nocivos da irradiação solar, principalmente de indivíduos com essa sensibilidade, pode-se fazer,

---

[2] Vide HORA DE CRESCER INTERIORMENTE (*O Mito de Hércules Hoje*), de Trigueirinho, Editora Pensamento.

[3] Vide O ETERNO PLANTIO, do mesmo autor, Editoras Cultrix/Pensamento.

ainda, um extrato líquido desses brotos, ou apenas das folhas de uma árvore adulta, transformando-o em creme ou loção a ser aplicada sobre a pele. Além disso, ele é também útil no tratamento de queimaduras, tanto solares quanto por outros agentes químicos ou físicos.

No silêncio emerge a compreensão profunda dos fatos, hoje extremamente necessária e nunca tão acessível à humanidade.

Perguntas e Respostas

Os raios solares são agentes prejudiciais e causadores de doenças de pele, ou a predisposição do indivíduo seria sempre a verdadeira causa da doença?

O sol é o astro físico responsável pela manifestação da vida no Sistema Solar e rege também a existência de suas partículas materiais. Todos os seres vivos respondem direta ou indiretamente ao seu comando e são dele dependentes.

Outro aspecto menos evidente da atuação desse astro é sua poderosa atividade destruidora, exercida principalmente pela radiação ultravioleta, de alta freqüência e potente energia, capaz de desencadear mudanças moleculares, químicas e biológicas, até mesmo o câncer. Essa atividade destruidora está intensificando-se hoje no planeta, de forma bastante acelerada, como parte da purificação global pela qual ele passa, sendo ainda acentuada pelas rupturas da camada protetora de ozônio na atmosfera, camada responsável pela filtragem de grande parte dessa radiação.

Para um indivíduo contrair uma doença como o câncer de pele é necessário que ele tenha predisposição para ela. Contudo, os fatores que podem desencadeá-la ou mesmo agravá-la são marcantes na atual civilização, não só pelo fato de a radiação solar tornar-se dia a dia mais intensa, mas também pelo uso indiscriminado de produtos químicos de elevado potencial cancerígeno.

Há outros vegetais, além da licurana, úteis na proteção contra a radiação solar destrutiva?

Várias ervas, plantas medicinais e produtos naturais exercem essa ação protetora; podemos citar como exemplo a babosa[4], para uso externo, o urucum e a própolis[5], para uso interno.

É verdadeira a afirmativa de que o sol nas primeiras e nas últimas horas do dia não é prejudicial?

Hoje esses limites já não são tão precisos e dependem não só do horário, mas também do local, da atitude interna do indivíduo e da atividade que está exercendo. Para que conte com uma proteção

---

[4] Vide PLANTAS QUE AJUDAM O HOMEM, do mesmo autor, em co-autoria, Editoras Cultrix/Pensamento.

[5] Vide O ETERNO PLANTIO, do mesmo autor, Editoras Cultrix/Pensamento.

superior ao ter que se expor diretamente à luz do sol, sua atividade deveria existir em função do cumprimento de uma tarefa evolutiva, indicada pelo seu Ser Interno. Antes de assumir qualquer tarefa externa, cada um deveria buscar dentro de si essa confirmação e banir tudo aquilo que não esteja incluído nesse propósito superior.

Se os desacertos do passado precisam ser inevitavelmente equilibrados conforme a Lei do Carma[6], em que consiste o "perdão"?

As doenças, a dor e o sofrimento são maneiras de compensar débitos cármicos decorrentes de comportamentos pelos quais o ser humano optou tanto por ignorância quanto por não se abrir a outras formas superiores de equilíbrio. Entre estas últimas encontra-se o perdão, que seria a oportunidade de compensar falhas antigas com ações positivas contrárias. O indivíduo encontra circunstâncias favoráveis para neutralizar parte de seu débito ao assumir por inteiro seu caminho evolutivo e ao viver incondicionalmente a Lei do Serviço.

A Graça — ou energia do Eu Superior — é também uma das formas suprafísicas pela qual esse equilíbrio pode-se manifestar. Ela não está vinculada ao mérito ou à necessidade do homem, mas é fruto da pureza interna do ser. Pela Graça o homem pode ser curado em áreas do seu ser que o levarão a harmonizar-se sempre mais com o cosmos.

---

6 **Lei do Carma** (ou Lei de Causa e Efeito). Essa lei, em âmbito material, determina que cada ação produz um efeito, que se tornará, a seu tempo, causa de um efeito sucessivo. Ela atua no sentido de equilibrar os universos.

Que é a Lei do Serviço?

As etapas de realização interior de um ser dão-se pela entrega cada vez maior e mais perfeita ao Ser Interno e pelo relacionamento mais correto com a vida, que se reverte em serviço. O serviço é, portanto, o próprio caminho de expressão da energia interna na matéria. É a nota que torna os seres semelhantes às Hierarquias do Cosmos, que vivem integralmente a Lei do Serviço; é a nota que une e eleva os seres e os faz ascender pelo caminho da evolução. Sem serviço não há evolução, não há crescimento interior.

O serviço implica desapego ao eu egoísta, significa entrega total e desinteressada, unida ao amor manifestado em cada ato e em cada trabalho[7].

Como se trata de uma medicação que age em níveis sutis, drenando e transmutando forças psíquicas degeneradas, o CROTONLIC pode ser usado quando não haja tumores como sintomas?

O tumor, neste caso específico, é o último elemento que aparece na sucessão de sintomas que o ser pode apresentar. Porém, mesmo antes de sua manifestação física, esses aglomerados de forças degeneradas podem pressionar outras áreas dos corpos e exteriorizar-se nelas como distúrbios vários, no mais das vezes vagos e

---

[7] Vide HORA DE CRESCER INTERIORMENTE (*O Mito de Hércules Hoje*), de Trigueirinho, Editora Pensamento.

inespecíficos. Esse medicamento permite drenar e transmutar parte dessas forças, aliviando a carga que deveria incidir sobre o físico e expressar-se como tumor.

Como se trata de movimentos de forças ocultas e profundas no ser, a melhor forma de reconhecê-las é a mostrada pelo caminho intuitivo. Ter-nos sido dada a possibilidade de lidar com essas forças por meio de um medicamento indica que esse caminho está aberto e disponível aos que se abrem a trilhar por ele.

Quadro Sinótico do CROTONLIC

Composição

- Licurana (*Croton urucurana*), sementes germinadas.

Atuação

- Colabora na transmutação, dissolução e elevação de forças psíquicas densas, degeneradas e involutivas, que, condensadas e materializadas, podem constituir um tumor de pele.

Continua ⇒

Indicações

- Tumores de pele; dermatoses pré-cancerosas.
- Proteção contra irradiação solar.
- Queimaduras: solar ou por agentes químicos ou físicos.

Apresentação / Posologia / Formas de uso

Uso interno — Forma dinamizada

- S1: frascos com 63 comprimidos; 1 comp. 3 ou mais vezes/dia.
- S2: frascos com 20 ml; 5 gotas 2 ou mais vezes/dia.
- S3: frascos com 10 ml; 5 gotas 1 ou mais vezes/dia.

Uso externo — Creme de Licurana

- Uso preventivo: aplicar sobre a pele, em áreas expostas ao sol, para proteção.
- Queimaduras de 1º e de 2º grau: aplicar 3 a 5 vezes ao dia, sobre as áreas afetadas; pode-se também aplicar o extrato puro, sob a forma de compressas, de 3 a 5 vezes ao dia.

REABILITAÇÃO ORGÂNICA
pelo SILIMEL

O mel é um produto natural, de vital importância para o ser humano, cujo valor, todavia, ainda não lhe foi totalmente revelado. Além de seus conhecidos princípios nutricionais, como vitaminas, enzimas, açúcares, sais minerais, oligoelementos, entre outros, certas qualidades fazem dele um componente energético e terapêutico ímpar.

Por constituir-se de substâncias altamente sutis extraídas das plantas — néctar e pólen —, incorpora em si impulsos para a elevação da consciência do ser humano. Se tomado quando o indivíduo se recolhe para o sono, favorece o desprendimento do corpo astral e do mental em sua viagem de regeneração noturna. Se tomado em jejum, quando desperta pela manhã, prepara seu físico para recebê-los de volta dos planos de luz. Assim, o mel guarda em si chaves do portal de saída do mundo físico denso e de entrada nele.

Há no reino mineral um elemento que nos ajuda a penetrar os segredos da ação curativa do mel: o cristal de rocha. Em tempos passados, quando o homem contatava mais livremente planos de existência superiores, esse cristal era tido como símbolo daquilo em que a consciência humana deveria transformar-se pela ação direta da luz cósmica, ao deixar-se permear totalmente por ela. Essa luz, portadora de energias cósmicas e irradiada de mundos distantes, alcança a Terra, introduz-se no seu corpo material e nele se reflete.

No seu percurso de volta modela a substância terrestre e a partir dela cria, na superfície do planeta, o cristal de rocha.

A estrutura hexagonal que esse mineral apresenta revela sua origem e sua relação com a luz, pois esta, para se manifestar no plano físico, utiliza-se da forma hexagonal, que reflete a perfeição e a harmonia das esferas cósmicas de onde provém.

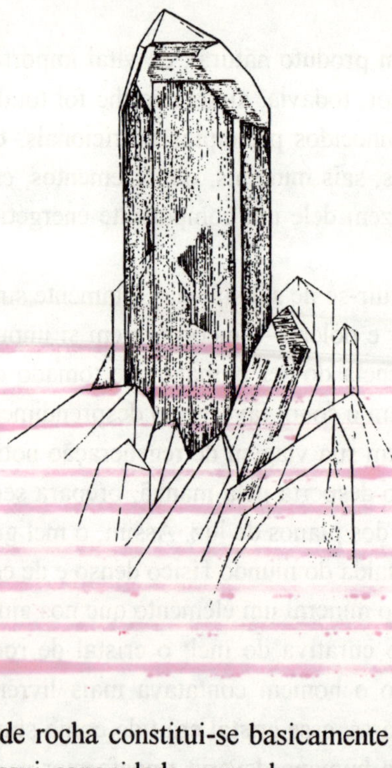

O cristal de rocha constitui-se basicamente de óxido de silício (SiO_2) e possui capacidade para absorver energias imateriais puras e condensá-las sob a forma de cristais, compondo assim no reino mineral uma espécie de rede de antenas sutis voltada para o cosmos.

Esses impulsos cósmicos que formam nas entranhas da terra o cristal de rocha atuam também no ser humano e permitem-lhe construir sua estrutura corpórea e material. O poder criador, que faz parte da essência desse cristal, penetra o organismo pela área da cabeça e daí irradia para o restante do corpo as forças plasmadoras da luz, permeando-o por inteiro: sistema nervoso, sangue, ossos, órgãos e tecidos, e também a pele, que envolve e delimita todo o ser.

O reino das abelhas, inteiramente aberto a essas realidades imateriais que envolvem o planeta e o permeiam, expressa de maneira pura e cristalina a atuação dessas forças de luz na estrutura hexagonal de seus favos.

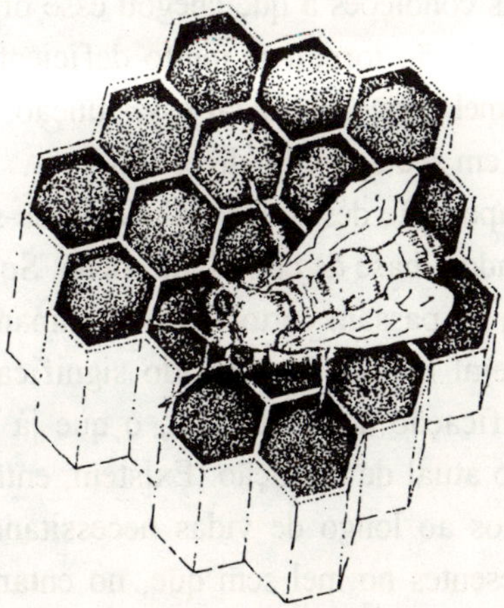

Essa luz, provinda de fontes de energias imateriais do sol, participa da essência íntima das abelhas; penetra sua vida e todo o seu ser, exercendo sobre elas influências sutis desde sua criação.

No interior do favo hexagonal, onde a rainha deposita seus ovos, as abelhas iniciam sua vida no plano material mergulhadas em um campo luminoso que modela seus corpos e permeia seus produtos: mel, própolis, cera, entre outros.

Um fenômeno natural simples, mas cheio de vida e beleza, revela a presença oculta na essência de um de seus produtos, dessas forças plasmadoras cósmicas: derretendo-se cera virgem de abelha e deixando que ela se solidifique novamente em fina camada sobre papel-manteiga, vemos surgir espontaneamente nessa película de cera a estrutura hexagonal dos favos, como reflexo dos impulsos de luz que a permeiam e configuram.

Por meio dessa força intrínseca presente na essência do mel, seu uso regular e moderado pode então colaborar na regeneração do organismo humano e revigorar sua estrutura mineral. Devido, entretanto, às precárias condições a que chegou esse organismo, sua capacidade de assimilação tornou-se muito deficiente, o que exigiria grandes doses de mel para ele realizar essa função; mas isso poderia causar distúrbios em seu aparelho digestivo.

Para a recuperação dessa capacidade, pode-se usar um medicamento dinamizado à base de cristal de rocha. Só que, em vista da sutilização pela qual passam certos corpos humanos, a introdução neles de um mineral mesmo dinamizado significaria um estímulo excessivo à densificação desses corpos, o que já não corresponde ao seu movimento atual de elevação. Existem, então, por um lado, corpos degenerados ao longo de vidas necessitando dos impulsos regeneradores presentes no mel sem que, no entanto, o organismo tenha a possibilidade de absorvê-los adequadamente; por outro lado, temos o cristal de rocha — veículo de potentes forças de estruturação capazes de promover a devida absorção dos impulsos regeneradores do mel pelo organismo — que, porém, já não é adequado em sua forma mineral pura.

Partindo-se, entretanto, dos impulsos presentes em cada um desses elementos, pode-se favorecer uma interação dinâmica e harmônica deles e criar, assim, um preparado que exerça ação curativa, profunda e real no organismo humano. Consegue-se isso misturando o pó bem fino de cristal de rocha ao mel dentro dos favos, e deixando a mistura em repouso por alguns dias, para que tal interação sutil se estabeleça. A ação do cristal de rocha pode então dinamizar as forças plasmadoras da luz atuantes no mel; este, por sua vez, absorve, atenua e redimensiona os impulsos do cristal de rocha, eleva-os do plano puramente mineral e os aproxima do ser humano. Desse modo, uma sutil química oculta amalgama e potencializa energias, transformando-as em novos impulsos.

Em uma etapa final de preparação, o produto é seco, triturado e dinamizado em diferentes níveis de sutilização — S1, S2 e S3[1]. Esse medicamento, a que chamamos SILIMEL, é capaz de renovar forças debilitadas do organismo e restituir-lhe pleno vigor, tornando-o, com o tempo, novamente apto a assimilar melhor o potencial regenerador do mel. O preparado pode também ser acrescentado ao mel, do qual se faz então uso regular. Em condições mais específicas de carência, pode-se ainda associar ao SILIMEL outros complementos minerais para uma reconstituição mais rápida do organismo.

Doenças crônicas, indicativas de carência em princípios formativos e regeneradores da luz, podem ser assim gradativamente superadas, tais como anemias crônicas, rebeldes à terapia convencional, carências minerais e desmineralização óssea, debilidade orgânica geral e do sistema nervoso, insuficiências digestivas, entre outros desequilíbrios. Esses distúrbios podem acarretar ainda, pela repercussão do físico sobre os outros corpos sutis, desequilíbrios

[1] Vide O ETERNO PLANTIO, capítulo "Dinamização das substâncias: uma porta entreaberta", do mesmo autor, Editoras Cultrix/Pensamento.

do corpo mental e do emocional, tais como divagações mentais, fantasias e instabilidades emocionais.

O mel, preciosa dádiva do reino das abelhas, pode, desse modo, colaborar mais intensamente com a corrente cósmica evolutiva que, no presente ciclo planetário, ergue todos os seres e todos os reinos em direção ao universo imaterial.

Perguntas e Respostas

A reabilitação do organismo proporcionada pelo SILIMEL precisa incluir mudança de hábitos alimentares e outros, ou só o medicamento faria esse trabalho?

O uso isolado do SILIMEL promove, por si só, profunda ação curativa. Como se trata, porém, de uma ação sutil, é bom estar atento a tudo o que possa apoiar essa ação, ajudar o organismo a elevar seu padrão vibratório e refletir no equilíbrio geral. A pureza e a vitalidade dos alimentos podem beneficiar o sistema digestivo por melhorar sua capacidade de absorção e assimilação. Uma higiene física, emocional e mental esmerada, ritmos de atividade e repouso ordenados, além do número de horas de sono adequado também são elementos que exercem grande influência na qualidade das correntes vitais do corpo etérico, qualidade essa decisiva na cura.

A abertura à transformação, a entrega incondicional ao Ser Interno e o serviço ao Plano Evolutivo, atitudes em si curativas, tornam o ser ainda mais receptivo aos impulsos que recebe por meio do medicamento, o que potencializa sua ação.

Como se processa a mistura do cristal de rocha com o mel?

Toma-se um quadro maduro, recém-colhido de uma colméia, repleto de mel. Os favos centrais são desoperculados e com uma seringa retira-se parte do mel do seu interior. Dentro deles introduz-se então o pó bem fino do cristal de rocha, que em seguida é delicadamente misturado ao mel, com o auxílio de uma agulha ou algo semelhante. Completada essa operação, os favos são novamente preenchidos com o mel anteriormente retirado. Coberto o quadro, ele é deixado em repouso por três semanas para que se dê a interação sutil desses elementos. O conteúdo dos favos é, então, totalmente aspirado e seco, processando-se, por fim, a dinamização do produto resultante.

Uma das propriedades características do mel, a de ajudar os corpos sutis a se desprenderem do corpo físico-etérico nas horas do sono, pode ser prejudicada pela incapacidade de assimilação do organismo?

O correto desprendimento dos corpos ao adormecer depende, em primeiro lugar, da adequada relação que se tem com eles no estado de desperto, ou seja, da elevação contínua da consciência e da não-identificação e não-envolvimento com os objetos e situações da vida material. O mel é usado para facilitar o desprendimento noturno dos corpos, pois nem sempre se consegue manter, durante o dia, essa atitude de desapego e elevação. A deficiência de assimilação hoje comum no organismo humano pode, sim, limitar essa ação liberadora, podendo ser corrigida pelo uso regular do SILIMEL durante certo tempo.

Pessoas que apresentam dificuldades em adormecer, sono leve, sonhos confusos e cansaço ao acordar podem beneficiar-se com o SILIMEL?

Esses sintomas demonstram anormalidades no desprendimento noturno dos corpos. Se a pessoa, enquanto desperta, se liga com muita intensidade ao plano material, envolvendo-se em demasia em suas tramas, fatalmente terá dificuldade à noite em desconectar sua consciência das reverberações desse plano. Isso produzirá então um sono leve ou diferentes graus de insônia. Ao adormecer nessas condições, o conteúdo das experiências diurnas repercute em sua vida onírica e atrai a consciência para planos intermediários[2] de vibração correspondente, produzindo sonhos confusos. Nesse caso, ao despertar, os corpos ainda não estarão restabelecidos, não se encaixarão ordenadamente, e a pessoa sentir-se-á cansada. Desde que ela, porém, cultive a atitude correta já mencionada na resposta anterior, o uso regular do SILIMEL poderá ser de grande valia.

A regeneração dos corpos sutis — o emocional e o mental —

---

[2] Subplanos dos planos emocional e mental.

dá-se principalmente durante o sono profundo, quando eles podem penetrar esferas de pura harmonia e deixar-se permear por vibrações sublimes.

Os fatores descritos acima podem estar relacionados ao medo?

O medo é um estado psíquico de baixa vibração e a coligação com ele na vida de desperto costuma aprisionar a consciência nesse plano. Isso dificulta o correto adormecer e atrai para o sono elementos de vibração correspondente.

Um diabético ou um hipoglicêmico podem fazer uso do SILIMEL?

Na dosagem recomendada de uma colher das de chá, uma a duas vezes ao dia, não há problemas em sua ingestão. O seu uso pode, até mesmo, ser um importante complemento terapêutico para esses desequilíbrios.

Quadro Sinótico do SILIMEL

Composição

- Cristal de rocha (SiO_2), em pó.
- Mel de abelhas, em favos.

Atuação

- Renova forças debilitadas do organismo, restituindo-lhe pleno vigor.
- Apóia e regenera a capacidade de assimilação do organismo.
- Regenera processos carentes em princípios formativos e regeneradores da luz.

Indicações

- Anemias crônicas, rebeldes à terapia convencional.
- Carências minerais; desmineralização óssea.
- Debilidade orgânica geral e do sistema nervoso.
- Insuficiência digestiva e de assimilação.
- Distúrbios do sono.

Apresentação / Posologia / Formas de uso

Uso interno — Mel com SILIMEL

- Tomar 1 colher das de chá à noite, ao se recolher ao sono; se necessário, tomar também 1 colher pela manhã, em jejum.

Continua ⇒

Uso interno — Forma dinamizada

- S1: frascos com 63 comprimidos; 1 comp. 3 ou mais vezes/dia.
- S2: frascos com 20 ml; 5 gotas 2 ou mais vezes/dia.
- S3: frascos com 10 ml; 5 gotas 1 ou mais vezes/dia.

INFLAMAÇÕES ARTICULARES

Recursos Externos na Cura

Certa vez um membro do grupo com o qual convivia começou a ter sérias dificuldades em seu braço direito. Sua tarefa externa, relacionada com digitação de textos, exigia-lhe, por vezes, longas horas de trabalho contínuo. Dores apareceram a princípio no punho, esporádicas, e aos poucos foram-se intensificando, acometendo em seguida todo o antebraço até o cotovelo. Iniciamos logo um tratamento com medicamentos homeopáticos que produziram efeitos apenas paliativos, resultando em períodos oscilantes de melhora e piora. O quadro foi evoluindo e, em uma das crises agudas com dores insuportáveis, tivemos de introduzir antiinflamatórios alopáticos. O tratamento, que incluiu exercícios fisioterápicos de relaxamento e de fortalecimento muscular do braço acometido, não acrescentou melhoras significativas, levando essa pessoa a interromper totalmente sua atividade.

Partimos, então, para um intenso programa de aplicações de compressas úmidas locais com ARTRIN[1], duas vezes por dia. Tínhamos acabado de criar esse preparado, específico para quadros inflamatórios articulares e musculares, composto de ervas. Os re-

---

1 Vide página 35.

sultados foram imediatos e a melhora sensível. Transcrevemos aqui a impressão que a pessoa teve durante a primeira aplicação, pois bem transmite a força de seus efeitos:

> Logo que fiquei sabendo da possibilidade das aplicações de compressas senti que isso seria uma ajuda efetiva, porém não tinha idéia clara a respeito. Foi-me dito que eu deveria permanecer em repouso após cada aplicação, e assim, ao receber a primeira, deitei-me com o braço aquecido por uma lã. Pouco depois percebi ondas de energia percorrerem o braço e a mão. Era algo de vibração tão potente que parecia mover partículas materiais. Agradecido, acabei adormecendo por algum tempo. Ao acordar, o pulso ainda estava dolorido, mas em todo o período anterior de tratamento não houve nada que trouxesse a ele a energia que hoje lhe foi transmitida.
>
> Relato essa experiência para que estejamos cônscios do valor oculto dessas compressas e para que em outros casos vejamos a possibilidade de aplicá-las em fases iniciais de processos de dores nas articulações. É claro que no meu caso teremos que prosseguir paralelamente com o fortalecimento muscular, mas sei que a sensibilidade e a dor não tardarão a desaparecer, o que nem mesmo o remédio alopático — de ação mais imediata — conseguiu fazer.

O tratamento prosseguiu, e a melhora se confirmou. As respostas foram bem visíveis.

Em todo tratamento de males que se refletem no corpo físico é preciso não perdermos de vista a participação do corpo etérico. No caso do braço, por exemplo, havia uma desarmonia no plano etérico que bloqueava a chegada de certos auxílios aos pontos do corpo físico que precisavam ser reestruturados ou vitalizados. As possibilidades de auxílio, por meio de procedimentos externos, em casos como este, são hoje muito evidentes.

No dia seguinte a pessoa continuou a relatar-nos:

> Durante o tempo em que fui acometido por esse problema no braço tinha às vezes a impressão de estar ocorrendo um escoamento da energia vital do corpo, mas não sabia exatamente como resolver isso e fui prosseguindo, então, da melhor maneira que podia. Num dia de maior dificuldade cheguei a pensar que tinha começado a desencarnar, tão pouca era a circulação da energia vital pelo organismo como um todo.
>
> Não é muito difícil perceber aspectos do mecanismo de atuação de alguns medicamentos. Notei que um dos que estou tomando age nas fibras musculares[2], mas não além de certo ponto. Hoje, recolhido após a aplicação da compressa, senti como se essas fibras estivessem sendo "lubrificadas", como se fossem cordões ressecados que agora recebiam ajuda no sentido de readquirirem a textura e elasticidade corretas.

De certo modo, a situação em que esse braço estivera era de decrepitude muscular. O esforço prolongado na mesma posição, sem a revitalização necessária para as células se manterem num padrão adequado, causou o ressecamento das fibras, que se tornaram progressivamente enrijecidas, produzindo dores e acarretando a possibilidade de levar à paralisia parcial ou completa.

Vê-se, portanto, que em muitos casos não se podem prescrever apenas exercícios de relaxamento muscular, pois estes, sozinhos, demandariam um tempo muitíssimo maior para modificar a situação. O tratamento fisioterápico, os medicamentos administrados por via oral e as aplicações externas têm de caminhar juntos.

Ao constatar a admirável influência do corpo etérico sobre

---

[2] *Rhus toxicodendron* CH6, da farmacopéia homeopática.

tudo isso, pus-me a refletir sobre o que significa esse corpo, essa rede de energia, para a vida material, e chegaram-me algumas impressões. Observando algumas rochas percebi quão reduzida é a complexidade da rede etérica que as permeia e envolve. Ascendendo de reino em reino, essa complexidade se amplia, porque lhe cabe coordenar a circulação de correntes vitais de um número cada vez maior de corpos materiais e de abri-la ao contato com mundos superiores. No homem, a estrutura etérica é bastante ampla e atingiu estados de grande complexidade. Ao aperfeiçoar-se, ela passa a aproximar os corpos uns dos outros, o que faz com que cada um deles se reflita diretamente nos demais.

Ainda no mesmo relato, destacando essa inter-relação dos corpos, a pessoa observa:

> Quando as dores no braço começavam, demonstrando a existência de um bloqueio do fluxo vital naquela área, costumava surgir em mim uma irritação, algo no corpo emocional que não sabia como controlar. Não me parecia ser um reflexo do que se passava no eu consciente, mas uma resposta natural do corpo emocional, desencadeada pela conjuntura físico-etérica.

O preparado usado (ARTRIN) ajuda a dissolver toda a carga excessiva de energia mental-psíquica que chega às articulações e atenua sua ação. Nosso sistema músculo-articular necessita dessa energia mental para sua atividade. Ao usarmos a musculatura, intensa e prolongadamente, ou mesmo pelo simples fato de suas estruturas estarem debilitadas, os impulsos energéticos contínuos enviados a elas podem produzir quadros inflamatórios mais ou menos intensos. Quando isso ocorre, o uso desse medicamento promove a dissolução dos quadros já instalados e elimina resíduos e toxinas que se produzem e se acumulam em tais processos. Vale acrescentar que, em certa etapa do tratamento aqui relatado, o uso complementar e de apoio de compressas de óleo de rícino mostrou-se também como recurso de grande eficácia.

Decorrido certo tempo de tratamento, recebemos outro relato que sintetizava toda a evolução do processo:

> Alguns corpos físicos têm um poder de adaptabilidade que pode ser útil em muitas situações. Nesta experiência, tal poder parecia contribuir para as rápidas melhoras que ocorriam após alguns períodos de dores mais agudas. Todavia, esses resultados não indicavam a consumação da cura. Ficou evidente que, em casos de desgastes crônicos, a recuperação da saúde das células é lenta e significa quase a revivificação de cada uma delas, de modo a permitir que se restabeleçam os padrões de harmonia em todo o conjunto. É um trabalho que, sem dúvida, conta com a ajuda de seres sutis para a sua realização.
>
> Após cumprida essa etapa básica da cura, percebo que, de agora em diante, as orientações posturais deverão prevalecer sobre o tratamento médico. É preciso atenção para a postura no trabalho, não exceder os limites do corpo, saber parar quando necessário e não deixar que novo quadro de desgaste surja.

As enfermidades têm características interessantes, vistas sob o prisma de sua dinâmica e de seu processo de cura. Algumas surgem rapidamente e a cura, em geral, também é rápida; outras, como a que acabamos de acompanhar, vão-se formando aos poucos, com o correr do tempo, e curá-las significa não só rever os fatores que as geraram e transformá-los, mas também percorrer o trajeto inverso do processo de desgaste, possibilitando a recuperação do corpo a seu tempo. Em casos como este último, os tratamentos "de choque" só auxiliam nos períodos de crise sem que removam a origem do problema, sendo mais eficientes os tratamentos contínuos e progressivos. Além disso, paralelamente aos procedimentos médicos, é preciso, quase sempre, dar uma orientação sobre hábitos, posturas e atitudes que causem a doença ou favoreçam o seu surgimento. Os que vêem a essência superior da cura reconhecem, até para si mesmos, a necessidade de uma vida condizente com ela, para que possam servir de modelo a uma existência pautada em padrões de conduta mais elevados.

Vivemos um tempo em que existe a energia disponível para penetrar os grandes mistérios velados pela Natureza, em todos os seus reinos. A mensagem desses mistérios pode ser compreendida ainda antes que se conclua o atual ciclo de transição planetária.

Perguntas e Respostas

Foi dito que os antiinflamatórios alopáticos foram usados como último recurso. Isso se deve ao fato de serem mais eficazes?

Uma doença ou sintoma que se manifesta no físico é sempre expressão de desarmonia que ocorre em planos superiores a ele. No caso em questão havia, simultaneamente, sobrecarga de trabalho e debilidade latente na estrutura músculo-articular, o que produziu o quadro inflamatório. Inicialmente tentou-se dissolvê-lo com medicamentos homeopáticos, que não agem apenas sobre o corpo físico. Porém, devido à intensidade do processo e à sua natureza mais complexa, eles não foram suficientes. Em alguns casos, quando uma doença já atingiu certa etapa no físico, ela necessita de recursos mais específicos, próprios desse corpo.

Os medicamentos alopáticos têm a propriedade de atuar exclusivamente sobre o corpo físico, eliminando os sintomas das doenças, mas sem irem mais a fundo nas causas. Em muitas situações eles não podem nem devem ser excluídos, principalmente nas crises mais agudas e quando as condições e o estado do indivíduo assim o exigem. No entanto, mesmo que após o seu uso os sintomas desapareçam de forma mais ou menos duradoura, a doença não pode ser considerada curada, pois sua origem está sempre em níveis além do físico. Em certos casos, o uso dos medicamentos alopáticos deve ser, por isso, complementado por outros que atuem em planos mais profundos, a fim de que o mal seja sanado pela raiz; eles ajudam a equilibrar os sintomas físicos de uma doença até que outros processos terapêuticos mais sutis possam agir. A eficácia de um medicamento, portanto, depende não só da sua intensidade, mas também da sua especificidade de ação.

A compressa de óleo de rícino foi usada ao mesmo tempo que a de ARTRIN?

Ambas as compressas foram usadas no mesmo período de tratamento, alternando-se as de óleo de rícino com as de ARTRIN, o que potencializa muito a atuação deste último. O óleo de rícino possui também grande poder curativo em processos articulares degenerativos e inflamatórios crônicos e, como óleo, imprime com maior intensidade a ação do calor — elemento essencial na regeneração desses quadros — e a sustenta por mais tempo no local da aplicação.

Em um trabalho espiritual, justifica-se uma postura incorreta do corpo físico?

O corpo humano é uma cópia em miniatura do universo. Cada célula, cada tecido, cada órgão é expressão da inteligência e propósito divinos. A solicitude para com ele, a ponto de aprender como cuidá-lo adequadamente, como manter sua saúde e sua força, irá apenas ajudar no correto relacionamento com o Espírito.

O indivíduo que não cuida do físico, não lhe dá a devida atenção e o despreza por considerá-lo inadequado ou por não querer ocupar-se com ele, provavelmente terá mais aborrecimentos e preocupações por sua causa do que outro que age conscientemente com seu corpo. Uma postura corporal incorreta, por exemplo, sempre proporciona sobrecarga para o físico e interfere na relação harmoniosa dos órgãos entre si, o que impede seu funcionamento adequado, diminuindo-lhe a vitalidade; um corpo nessas condições será instrumento limitado para a ação do Espírito.

Segundo Paul Brunton[3], é tão blasfemo ignorar, depreciar ou descartar o lado físico da vida humana, considerando-o sem importância, quanto negar ser o universo uma projeção divina.

Como manter o corpo etérico em equilíbrio? Que núcleo do ser coordena esse corpo?

O equilíbrio do corpo etérico é mantido essencialmente pela qualidade do pensamento. É pelo contínuo cultivo de pensamentos

[3] Vide IDÉIAS EM PERSPECTIVA, Editora Pensamento.

corretos e positivos que a atividade construtiva do etérico é intensificada e mantida. Portanto, esse equilíbrio não é alcançado por técnicas e práticas específicas, mas por decisivo trabalho sobre o próprio caráter, procurando aperfeiçoá-lo e elevá-lo, e buscando, por uma atividade mental sadia, a ponte com os níveis superiores de consciência. Assim, nosso pensamento transforma-se num instrumento valioso de alinhamento e purificação.

Atitudes, aspirações, impulsos e desejos são realidades e vivificam a matéria dos éteres. Portanto, da qualidade do nosso viver depende a fluência das energias no corpo etérico. Cuidados básicos com o corpo físico, bem como uma vida emocional e mental saudáveis, são também positivos e refletem-se diretamente no equilíbrio do corpo etérico.

O corpo etérico é essencial para a saúde física, pois ele abriga vórtices de forças que recebem e transmitem a vida universal, redistribuindo-as no corpo físico, permeando-o e mantendo-o integrado e cheio de vida. É também por meio dele que se estabelece a ligação entre a consciência material do ser e seus níveis mais sutis, podendo vir a ser coordenado diretamente pela alma que, nesse caso, recebe, por sua vez, energias e impulsos de núcleos ainda mais elevados.

Pode ocorrer uma transmutação espontânea da contaminação absorvida do ambiente?

Existem núcleos mais elevados do nosso ser que trabalham continuamente no sentido de dissolver e transmutar em nós tudo aquilo que nos chega do ambiente à volta e contamina a pureza do nosso corpo etérico.

A Terra apresenta hoje, como nunca, alto grau de contaminação em vários níveis: poluição radioativa, por gases venenosos e por dejetos industriais, poluição química e ambiental, e também pela atividade psíquica humana degenerada. Para viver dentro dessa atmosfera carregada torna-se, pois, necessário um trabalho intenso, permanente e silencioso por parte desses nossos núcleos superiores, e por parte de elevadas hierarquias espirituais, para que energias mais sutis possam chegar à humanidade e ao planeta, promovendo sua elevação e cura.

Quadro Sinótico do ÓLEO DE RÍCINO[4]

Composição

- Mamona (*Ricinus communis*), óleo das sementes.

Continua ⇒

[4] Para maiores informações sobre o uso do Óleo de Rícino (Mamona), vide GUIA PRÁTICO DE TERAPÊUTICA EXTERNA e O ETERNO PLANTIO, do mesmo autor, Editoras Cultrix/Pensamento.

Atuação

- O óleo de rícino, como qualidade energética, dissolve, purifica, transmuta, reestrutura e regenera.
- Atua nos traumatismos fechados, onde não há ruptura da pele. Exerce ação antiinflamatória, analgésica e emoliente.

Indicações

- Quadros inflamatórios e degenerativos de articulações e estruturas afins, agudos ou crônicos: reumatismos, artrites e artroses; tendinites e bursites, entre outros.
- Traumatismos agudos e crônicos: contusões, entorses, luxações e hematomas, entre outros.

Apresentação / Posologia / Formas de uso

- O óleo de rícino pode ser adquirido em farmácias, em apresentações diversas, ou ser extraído de forma artesanal[5].
- *Aplicação*: usa-se o óleo puro, sob a forma de compressas, geralmente quentes.
- *Duração/Freqüência*: 1 a 2 horas; 1 vez ao dia.

Vide **Quadro Sinótico do ARTRIN** na página 35.

---

[5] Forma artesanal de extração do óleo de rícino: tostar levemente as sementes em uma panela; a seguir, macerá-las em moinho de cereais, liquidificador ou máquina de moer carne; levá-las novamente ao fogo, adicionando água, até cobri-las bem; aos poucos o óleo começa a se desprender na água; recolher o óleo com o auxílio de uma concha.

CÂNCER DE TIREÓIDE E DE MAMA

Recursos Externos na Cura

Há algum tempo venho acompanhando os passos de uma pessoa, cuja trajetória ilustra bem os caminhos misteriosos que a energia de cura perfaz ao operar no mundo interno de cada um.

Em vidas anteriores ela esteve envolvida em jogos de forças instintivo-sexuais, gerando débitos cármicos para cujo equilíbrio sua vida atual lhe trouxe grandes oportunidades.

Enquanto cumpria sua etapa no útero materno, por três vezes experimentou de forma violenta a ameaça de ter interrompida sua entrada no mundo físico, entrada que marcou apenas o início de uma luta contínua para se manter encarnada. Após o nascimento, chorou durante meses seguidos, sem que apresentasse qualquer manifestação externa que justificasse tal procedimento. Os abusos do passado fizeram com que ela, já desde a infância, sofresse de distúrbios na área ginecológica, que evoluíram no decorrer dos anos até formarem miomas[1] intensamente hemorrágicos. Aos trinta e oito anos, foi compelida a retirar o útero e um dos ovários.

Antes disso, porém, ainda aos dezessetes anos, teve um tumor maligno cuja extirpação causou-lhe a perda de dois terços da

[1] Tumores da musculatura uterina.

glândula tireóide. Como tratamento adicional recebeu pesada carga de radioterapia e de iodo radioativo, e desde então fez uso constante de iodo para repor as necessidades desse elemento. Mais ou menos sete anos depois o tumor reapareceu e foi então tratado apenas com radioterapia. Retornou novamente aos trinta e três anos, e dessa vez lhe foi prescrita cirurgia. Todavia, quando já estava pronta para ser operada, a equipe médica constatou, surpresa, que o tumor havia desaparecido. Como na noite anterior havia tido um sonho em que via algo ser-lhe retirado dessa área, pôde reconhecer, então, que tudo aquilo fazia parte de um processo de cura mais profundo.

Ao longo dos anos, por várias vezes essa glândula demonstrou equilíbrio instável e delicado, pois sua atividade oscilava muito, com fases de hiperfunção. Normalizava-se, porém, de modo quase sempre espontâneo. Numa ocasião, ao submeter-se a aplicações diárias, durante algumas semanas, de compressas de argila na região do pescoço, percebeu nitidamente a grande ajuda imaterial que vinha recebendo.

Na etapa evolutiva em que o homem é regido pelo sistema energético dos chacras, a tireóide representa um degrau na ascensão da energia procriativa. Atua como elo entre as glândulas ligadas à reprodução e as situadas no cérebro. No futuro, quando o novo sistema energético, o sistema do consciente direito, estiver já totalmente implantado e consolidado, a tireóide terá novas e mais amplas funções.

Todas as experiências pelas quais esse ser ia passando demonstravam a luta intensa travada por ele. Só pela renovação interna e contínua dos votos para cumprir o propósito superior de sua vida podia manter-se encarnado, e isso ele tinha de conquistar momento por momento. Dessa forma, seus antigos débitos cármicos foram sendo compensados e suas energias instintivo-sexuais redimensionadas e redirecionadas. Uma transformação sutil foi-se operando em todo o seu organismo, como conseqüência das opções mais reais que buscava aos poucos assumir em seu caminho.

Por volta dos quarenta e dois anos, o aparecimento de outro tumor, desta vez na mama direita, marcou nova fase de lutas e conquistas, trazendo-lhe oportunidades de dissolver resíduos do desequilíbrio que ainda jaziam impressos nessa área do corpo. Enfrentando tudo de forma positiva, deu início a uma série de aplicações diárias de compressas de argila sobre a mama, enquanto aguardava os resultados finais dos exames e a cirurgia. Aparentemente nada mudou no quadro dos sintomas durante as seis semanas em que realizou esse tratamento; porém, submeter-se a ele foi decisivo para que o tumor não se disseminasse pelo corpo.

A argila, como componente do reino mineral, possui grande capacidade para absorver vibrações densas e materiais, ao ser colocada em contato com o corpo humano, o que faz dela importante instrumento de cura. Apresenta riquíssima composição de minerais, elementos que lhe conferem parte de seus poderes curativos e a aproximam das condições da terra primordial, plena de vida. O tamanho microscópico de suas partículas[2] responde por sua acentuada capacidade de absorção. O contato intenso com a irradiação solar, no processo de secagem, carrega-a de poderosas energias curativas, ativando e ampliando assim seu potencial interno.

Esse poder de cura, capaz até mesmo de limitar o crescimento e a disseminação de um tumor, foi bem destacado em um relato que essa pessoa me enviou:

> Durante as aplicações das compressas senti claramente os seus efeitos positivos; uma vez vi, não com os olhos físicos, uma

---

[2] Seu tamanho geralmente não ultrapassa 1 a 2 micras (micra corresponde à milésima parte de um milímetro).

mancha escura no seio. Fiz então exames adicionais e, no final, constatou-se que o tumor era maligno. Com fé continuei com as compressas, todas as noites. Sentia que algo me guiava os passos, material e espiritualmente, pois tudo fluía bem e nada me faltava. O resultado dos exames não me abalou. Olhei de frente a situação, pois tinha a certeza da Cura em meu ser.

Prossegui o tratamento até o dia da operação e percebi, uma noite, que a compressa estava como que puxando e eliminando as máculas ali localizadas. Cumpriu sua tarefa até o ponto de remover o que desencadearia o alastramento das células cancerosas pelo corpo.

Fui operada e foi encontrado tão-somente o tumor localizado. Após a cirurgia, despertei com a clara convicção de estar curada, e essa foi minha primeira expressão, ao sair da sala. Assim, sorri e adormeci tranqüila.

Apesar de a cura ter-se processado nos níveis mais profundos do seu ser, o corpo físico, por possuir carma próprio, teve que cumprir outro ciclo de provas e de purificação. Assim, após a cirurgia, recebeu trinta aplicações de radioterapia, tomadas todos os dias, o que o afetou, porém, apenas superficialmente. As alterações que em geral se observam após tratamentos semelhantes, causadas pela intensa desvitalização do corpo etérico, não chegaram a ocorrer. Durante esse período ingeriu própolis, em cápsulas, além de alguns reconstituintes vegetais[3]. Terminada essa etapa, teve de receber nove aplicações de quimioterapia, uma a cada vinte e um dias. E o que, para a maioria dos que passam por essa experiência, signi-

[3] Entre eles: *Reconstituinte Geral, Hemovita, Helianthus composto* e *Hepatobiliar*. Vide outras informações sobre esses preparados em O ETERNO PLANTIO, do mesmo autor, Editoras Cultrix/Pensamento.

fica uma pesada e agressiva carga para o corpo físico, foi muito bem recebido, sem que nada de mais sério adviesse, a não ser o intenso mal-estar que se segue a cada aplicação. Nessa fase, foram realizados banhos de imersão com leite de soja nos intervalos das aplicações de quimioterapia, fator decisivo para a sua recuperação vital e energética.

A soja, além de alimento altamente concentrado e nutritivo, apresenta também elevado potencial curativo, que se expressa principalmente quando usada em banhos de imersão. Por meio desses banhos dá-se a absorção direta, através da pele, de suas correntes vivificadoras e regeneradoras. A pele, como grande órgão sensorial, é capaz de estabelecer sintonia vibratória com tais correntes, o que favorece sua assimilação e incorporação. Nesse final de ciclo ela revela suas qualidades latentes e sutis, como alimento e também como poderoso instrumento de harmonização e cura.

Assim, após tais aplicações, cumpriu-se mais uma etapa na jornada de cura daquele ser. Em outro relato, já no final do processo, dizia:

> De todas as etapas de purificação passadas nesta vida, esta última foi a que mais me fez sentir a remoção do mal. Para mim isso significa que raízes de vidas anteriores foram eliminadas, que meu Ser Interno pode agora responder mais livremente ao chamado evolutivo superior, e não preciso continuar trilhando descaminhos. Parece-me ter-me sido retirado um peso da consciência, e antes mesmo que todas essas coisas ocorressem no plano concreto fui preparada para passar por elas sem sofrer quase nada. Em toda essa peregrinação sempre encontrei ajuda, espiritual e material, quando menos esperava.
>
> Após tantas experiências vividas, o Senhor Supremo concedeu-me a oportunidade de entrar novamente no caminho da

verdadeira liberdade de Espírito. Sigo por ele com humildade, e procuro viver com sabedoria cada passo.

* * *

A soja[4] expressa em seu potencial nutriente duas correntes de vida distintas e complementares: uma material, concreta, que constrói a forma; outra imponderável, sutil, que a plasma.

A primeira manifesta um campo de forças de dinâmica nitidamente centrípeta, agregadora, e faz conexão com correntes substanciais terrestres. A segunda revela uma dinâmica centrífuga, expansiva, unindo-se a correntes plasmadoras cósmicas (figura 1).

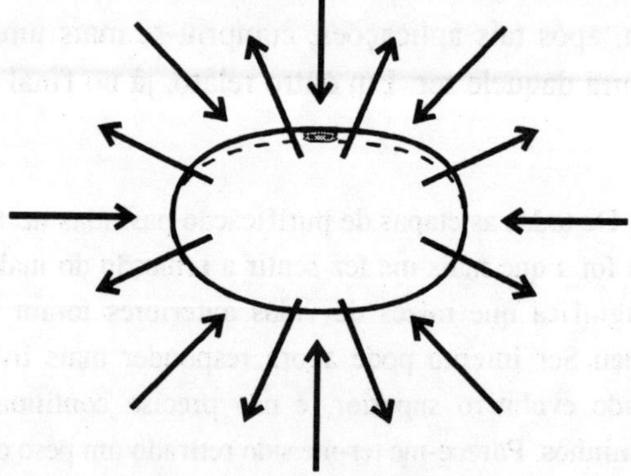

Figura 1 — Grão de soja íntegro
e suas correntes de forças

[4] O plantio comercial da soja emprega hoje excessiva quantidade de insumos químicos: adubos, pesticidas e inseticidas. Por isso, aconselha-se conhecer a procedência da soja que se adquire, para que se evitem problemas maiores.

A corrente material nutre a parte do ser que vem do passado, que obedece a ritmos cronológicos, que criou hábitos, preferências e condicionamentos e construiu ao longo da evolução os corpos densos que abrigaram a consciência.

A corrente sutil nutre a outra parte, a que se projeta no futuro. Seus elementos amparam a consciência em via de se liberar dos planos concretos e se abrir aos níveis internos da vida, para permitir o surgimento do novo homem. Essa consciência em transição, que aspira a desidentificar-se da matéria mas ainda não consolidou sua conexão com os aspectos transcendentais do ser, necessita de corpos hábeis onde se desenvolver e expandir nesse sentido.

Os diversos derivados da soja colaboram nas sucessivas etapas desse desenvolvimento e expansão. No grão íntegro essas duas correntes nutritivas encontram-se amalgamadas, envolvendo-o; são dissociadas, porém, quando ele é triturado em água: para o meio líquido (leite de soja) transmigra a maior parte da corrente centrífuga, e no resíduo sólido (okara) permanece a maior parte da corrente centrípeta. Contudo, nenhuma das duas correntes se liga de forma coesa a seus componentes substanciais (figura 2).

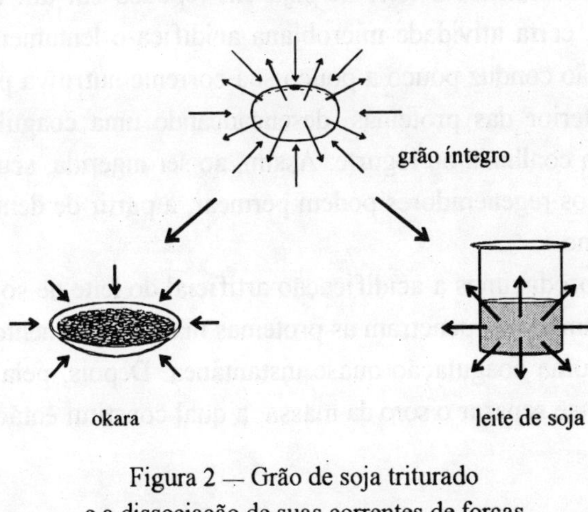

Figura 2 — Grão de soja triturado
e a dissociação de suas correntes de forças

O modo mais apropriado de o organismo humano absorver as forças periféricas centrífugas do leite de soja, extremamente vitalizantes e regeneradoras, é através da pele. Esta constitui, em essência, um grande órgão sensorial, e tem a capacidade de incorporar correntes sutis vindas do cosmos. O leite de soja diluído na água de um banho de imersão, ou aplicado topicamente, promove em organismos debilitados vigorosa revitalização. A pele pode absorver também elementos da corrente substancial centrípeta, nutrindo-se a partir dela.

A okara participa da criação, nos planos materiais, de vórtices energéticos que, além de atrair as partículas afins, amalgama-as segundo o padrão predeterminado, criando substâncias que de outra maneira não se constituiriam. Ela é um agente construtor que obedece à Idéia existente por detrás da manifestação. Torna-se mais digerível depois de submetida à ação do calor que, ao expandir as estruturas moleculares de suas substâncias, promove nelas a incorporação e fixação da corrente nutritiva periférica. Para preservar suas qualidades, todavia, o processo de tostar é mais indicado que o de cozinhar.

Ao deixarmos o leite de soja em repouso em um ambiente adequado, certa atividade microbiana acidifica-o lentamente. Essa acidificação conduz pouco a pouco sua corrente nutritiva periférica para o interior das proteínas, desencadeando uma coagulação — forma-se a coalhada ou iogurte. Assim, ao ser ingerida, seus potentes impulsos regeneradores podem permear, a partir de dentro, todo o organismo.

Se produzimos a acidificação artificial do leite de soja, essas forças plasmadoras penetram as proteínas mais intensamente, desencadeando uma coagulação quase instantânea. Depois, pela prensagem, pode-se separar o soro da massa, a qual constitui então o queijo de soja (tofu). Comparado com a coalhada, este possui uma proteína de qualidade mais sutil, pois seus impulsos plasmadores ligam-se mais frouxamente aos seus componentes substanciais.

O soro da soja conserva em si o poder aglutinante que deu origem ao tofu, atuando, contudo, num nível mais sutil; quando utilizado em tratamentos sob a forma de pedilúvios, é capaz de tonificar o organismo inteiro, irradiando para o metabolismo impulsos formativos. Ajuda o ser a tornar-se mais desperto e a assumir maior domínio sobre sua contraparte material, podendo, assim, levar à superação de algumas dificuldades no controle dos corpos densos.

As diversas substâncias da soja participam das incessantes atividades plasmadoras e construtivas realizadas nos corpos do homem. Suas proteínas e aminoácidos são hábeis instrumentos por meio dos quais uma Idéia primordial toma forma. Na fixação e consolidação dessa forma criada entram diversos elementos e sais minerais, enquanto vitaminas e enzimas constituem auxiliares indispensáveis na manipulação das substâncias a serem agregadas. O óleo de soja, pelas qualidades de calor nele imanentes, é o que favorece a interação sutil de todos esses componentes.

As forças que emanam do leite de soja ajudam a plasmar no nível físico sutil a forma a ser manifestada e as que emanam da okara a atraem para o nível físico denso e a consolidam. Pode-se dizer que a coalhada e o tofu são intermediários desses impulsos, pois fornecem gradações diferentes de elementos especializados nessa construção, já que as forças plasmadoras os permeiam mais intimamente. O soro exerce ação tônica fundamental sobre toda a estrutura criada. As múltiplas vitaminas e enzimas que compõem esses derivados permitem a catalisação de todos esses processos.

A criação material do corpo físico do ser humano depende da capacidade de sintonia interna do indivíduo com o arquétipo de seu corpo. As correntes plasmadoras e construtoras presentes na soja correspondem a certas qualidades desse arquétipo e possuem estreita relação com a construção desse corpo, criação que é obra de rara beleza e de profundos mistérios.

Perguntas e Respostas

Haveria infração de alguma lei superior caso alguém decidisse não se submeter à cirurgia, em situações semelhantes à aqui descrita?

Tudo depende da situação particular e isso não pode ser respondido de forma genérica. O certo é que o indivíduo deveria utilizar todos os recursos disponíveis, inclusive a cirurgia e outras técnicas da medicina alopática, desde que exista uma indicação clara para seu uso. A cirurgia pode ser o único recurso para que a cura de determinados processos se complete no corpo físico. Aglomerados psíquicos densos podem concentrar-se em tumores, cuja única forma de eliminação, de acordo com as possibilidades e limitações da medicina de hoje, é a cirurgia. Deixar de se submeter a ela por um preconceito qualquer, seria, no mínimo, negligenciar a responsabilidade assumida para com esse corpo, instrumento de trabalho, no plano físico, de nossa essência espiritual, que tem uma tarefa específica a cumprir nele.

Existe a possibilidade de ajudar doentes terminais a aguardar serenamente o desencarne, com o apoio de recursos naturais?

Uma das tarefas que a medicina deixou de cumprir foi a de preparar os indivíduos e dar-lhes a correta assistência para que sua consciência pudesse abandonar o corpo físico de forma serena e harmônica. Por se recusar a reconhecer a origem e o destino espirituais da vida humana, ela própria não tem o que transmitir ao ser que está prestes a retornar aos planos de onde veio, assumindo assim uma postura totalmente técnica e material nesses momentos decisivos para a vida de todo ser. Se aquele que desencarna e aqueles que o assistem reconhecessem como real a vida nos outros planos de existência, essa experiência poderia tornar-se sagrada. Portanto, tal assistência ao doente terminal não está ligada apenas aos recursos que se possam usar, mas depende muito mais da correta atitude e sintonia dos que estão nessa tarefa.

Uma doença como o câncer pode ser gerada em uma só vida?

O câncer é um grande aglomerado de forças psíquicas densas, geradas pelo indivíduo quase sempre no decorrer de muitas vidas. Esses aglomerados têm um longo caminho a percorrer, desde os planos onde se originam, até sua metamorfose completa e a instalação no físico. Ele representa identificação e envolvimento acentuados do indivíduo com a matéria e seus jogos de forças, que imprimem nos corpos suas vibrações correspondentes, acumulando-se neles e promovendo desagregações em suas estruturas. O que é gerado pela vida do indivíduo durante a qual o câncer emerge serve apenas como fator desencadeante para que se exteriorize, pois a predisposição já está presente.

Quando um câncer se manifesta no físico, representa então para o indivíduo uma grande oportunidade de equilibrar ações do passado e prosseguir, assim liberado, seu processo evolutivo.

Um tratamento alternativo como o que faz parte do processo descrito pode eventualmente promover a cura sem precisar de cirurgia?

Um grande potencial de cura está disponível hoje nos planos internos do planeta como nunca esteve ao longo de sua história. Tudo pode tornar-se possível, desde que o indivíduo se abra, sem qualquer expectativa, à condução de seu Ser Interno e viva de acordo com as leis espirituais com as quais vai entrando em contato. Isso corresponde a uma vida de serviço, integralmente voltada ao cumprimento de um Plano Evolutivo superior, plano que ele aprende gradativamente a reconhecer, à medida que serve e cultiva o autoesquecimento. Dispondo-se verdadeiramente à transformação, o indivíduo pode criar em si um vórtice de energia poderoso que atraia, de forma especial, as energias de cura. Ainda que não espere resultados de espécie alguma, poder-lhe-ão chegar as indicações e os recursos, internos e externos, para conduzir o seu processo, dentro das possibilidades de seu carma. Se ele vive nessa tensão positiva, a própria necessidade de cirurgia passará a ter para ele uma importância secundária.

A cura interna é o legado de todo ser humano que vive incondicionalmente dentro da Lei Espiritual.

O efeito revitalizante do leite de soja é o mesmo do soro?

O leite de soja conserva em si o potencial energético das forças vitais, centrífugas, presentes no grão íntegro e que se transladaram para ele quando de sua elaboração e da formação também da okara. O soro corresponde ao líquido que se separou ao se coagular a proteína do leite e ao ser prensada em seguida para o tofu. Para este transfere-se então grande parte das forças vitais, e no soro permanece apenas outra pequena parte, bem como a tendência aglutinante do elemento ácido que deu origem ao tofu. Portanto, a dinâmica de forças em cada um desses produtos é distinta: o leite é mais revitalizante e regenerador; o soro, aglutinante e harmonizador.

Qual a quantidade de leite de soja para um banho? Caso não seja possível banho de imersão, há outro modo de utilizá-lo?

O leite de soja pode ser usado tanto em banhos de imersão como topicamente. Antes de qualquer procedimento o paciente deve tomar um banho geral de chuveiro e relaxar-se um pouco. Para o banho, usam-se 1 ou 2 litros de leite morno, que são despejados diretamente na água. Para a aplicação tópica, basta que se embeba um pano de algodão macio e limpo no leite morno e o aplique algumas vezes em todo o corpo, deixando, no final, que permaneça sobre ele por alguns minutos. A seguir, toma-se outro banho de chuveiro, morno, apenas para enxágüe rápido, sem sabonete.

Tanto após o banho de imersão com o leite de soja quanto após sua aplicação tópica o indivíduo deve recolher-se ao leito, para que possa assimilar melhor os impulsos proporcionados por esses valiosos procedimentos terapêuticos.

A ingestão do leite de soja pode ter o mesmo efeito? Quais são os efeitos do uso da soja como alimento?

A ingestão do leite de soja não produz o mesmo efeito que sua aplicação externa, pois sua assimilação dá-se de forma mais intensa e ativa por meio dos órgãos dos sentidos, dos quais a pele é também um grande representante.

O uso da soja como alimento é muito mais efetivo e benéfico por meio das conhecidas formas de elaboração aqui citadas: coalhada, tofu, okara, entre outras, que promovem nela transformações sutis e facilitam sua assimilação. Seu uso como alimento proporciona importantes elementos, materiais e sutis, para a regeneração dos corpos físicos e sua adaptação parcial aos grandes impulsos que a consciência humana recebe hoje, principalmente nos que se abrem para uma transformação de si mesmos.

Quadro Sinótico da ARGILA[5]

Atuação

- A argila apresenta propriedades antiinflamatórias, anti-sépticas, absorventes, anti-reumáticas e antitumorais.

Indicações

- Inflamações localizadas: artrites, tendinites, bursites, gota; artrite reumatóide, artroses, quadros reumáticos.
- Traumatismos agudos e crônicos.
- Tumores.

Formas de uso

- Pode ser aplicada sob a forma de cataplasmas, compressas, pedilúvios, fricções, e também ser usada oralmente.
- No caso citado, foi usada diariamente sob a forma de cataplasma espessa, sobre a tireóide e sobre a mama. A duração de cada aplicação é de no mínimo 1 hora, podendo-se estender por mais tempo; o período de uso deve ser de várias semanas.

---

5 Para maiores informações sobre a argila e suas formas de uso, vide GUIA PRÁTICO DE TERAPÊUTICA EXTERNA, do mesmo autor, Editoras Cultrix/Pensamento.

Quadro Sinótico do Uso Terapêutico da Soja

A soja pode ser usada terapeuticamente em *pedilúvios* (com soro extraído ao se elaborar o queijo de soja) ou em *banhos de imersão* (com leite de soja).

Pedilúvios com soro de soja[6]

Atuação

- Tonificante e harmonizador dos corpos.

Indicações

- Estados decorrentes de dificuldade de "encaixe" dos corpos sutis: sonolência excessiva; quadros crônicos de desânimo, apatia e cansaço; sensação anormal de estar fora do corpo, entre outros.
- Estados agudos de agitação e descontrole mental-emocional.
- Estados de carência de tônus vital e suas decorrências.

Continua ⇒

[6] Para maiores informações sobre pedilúvios, vide GUIA PRÁTICO DE TERAPÊUTICA EXTERNA, do mesmo autor, Editoras Cultrix/Pensamento.

Banhos de imersão com leite de soja[7]

Atuação

- Revitalizante, regenerador e nutriente.

Indicações

- Processos de desvitalização intensos: após radioterapia e quimioterapia, entre outros.
- Fase de convalescença após doenças crônicas, debilitantes e consumptivas.
- Estados de desnutrição.
- Estados de desgaste físico-vital por excesso de atividade mental, por hiperexcitação nervosa e outras condições.

Uso / Duração / Freqüência dos banhos

- *Preparo*: banho morno (não quente!); despejar, na banheira 1 a 2 litros de leite de soja, morno, de preferência fresco; acrescentar essências aromáticas puras, se disponíveis, ou chá de alguma erva; evitar a mistura de muitas ervas.
- *Duração*: 10 a 20 minutos; enxaguar-se após.
- *Freqüência/Duração*: 1 a 2 vezes por semana; avaliar, com critério, a duração total do tratamento; em casos mais sérios, solicitar o acompanhamento por pessoa experiente.

Continua ⇒

---

[7] Para maiores informações sobre banhos de imersão, vide GUIA PRÁTICO DE TERAPÊUTICA EXTERNA, do mesmo autor, Editoras Cultrix/Pensamento.

- *Recomendações gerais*:
  - Recolher-se ao leito, após o banho, durante pelo menos 1 hora, e procurar dormir; evitar qualquer tipo de atividade, como leituras, rádio, música e conversas.
  - Na impossibilidade dos banhos de imersão, pode-se aplicar o leite de soja no corpo com auxílio de um pano limpo e macio; repetir a operação por algumas vezes, durante 10 a 20 minutos; ao final, enxaguar-se. Recolher-se em seguida.

METAIS VEGETABILIZADOS[1] E CURA

Já havia dado por encerrada a elaboração deste livro quando sucederam várias experiências que abriram caminho para outras pesquisas. Embora ainda incompletas, deixaram entrever novos horizontes. Foram, por isso, aqui incluídas, pois ao mesmo tempo que faziam parte do encerramento de um ciclo entreabriam outro.

Tudo começou quando um companheiro de trabalho mencionou a possibilidade de se elaborar um medicamento para uma situação bem específica, na qual se encontram muitos dos que se autoconvocaram para servir ao Plano Evolutivo. Escreveu-me ele o seguinte:

> A leitura de um trecho do livro NOVOS ORÁCULOS[2], sobre o novo código genético GNA[3], trouxe-me a impressão de que se podia criar um medicamento que tocasse o sistema de ação das

---

[1] **Vegetabilização**. Embora este termo não seja registrado nos dicionários, está sendo aqui empregado para caracterizar um processo pelo qual um elemento, uma substância ou qualquer outro representante do reino mineral é elevado até o reino vegetal e, permeado pelo seu campo de forças, passa a apresentar qualidades sutis próprias deste reino. Vide O ETERNO PLANTIO, do mesmo autor, Editoras Cultrix/Pensamento.

[2] De Trigueirinho, Editora Pensamento.

[3] **GNA**. Código genético que dos níveis sutis está sendo implantado em parte da humanidade terrestre por consciências cósmicas que acompanham e dirigem o seu desenvolvimento.

glândulas hipófise[4] e pineal, relaxando ou suavizando seu automatismo de trabalho. Isso talvez venha a permitir uma abertura maior para que o novo código comece a se exprimir nos indivíduos que já o têm implantado em níveis sutis, mas cujos corpos densos ainda se encontram despreparados para deixá-lo desabrochar sem ajuda.

Mantive-me em silêncio e, a seguir, entreguei o assunto ao mundo interno.

Semanas mais tarde, fui colher uma erva medicinal que nos havia sido oferecida e crescia abundante numa fazenda próxima. Enquanto nos dirigíamos para lá, por uma estrada de terra, fui conversando com a pessoa que nos fizera aquela oferta. Escutei atentamente a narrativa que me fazia de sua vida e percebi que, no seu âmago, ocultava um pedido de ajuda.

Com dificuldade para se exprimir, contou-me que era músico profissional e cantor lírico. Em sua última apresentação, há cerca de vinte e cinco anos, em plena exibição, ao preparar-se para entoar um solo, repentinamente sua voz falhou por completo. Uma situação dramática criou-se naquele momento: era uma experiência inédita, que parecia derrotá-lo como cantor. Permaneceu, a partir daí, mudo por dois anos. Nesse período consultou vários médicos especialistas em diferentes áreas, fez diversos exames, sem chegar-se a nada conclusivo. Apesar de suas cordas vocais estarem perfeitas, todas as tentativas terapêuticas para fazê-lo voltar ao normal foram em vão. Após esses dois anos conseguiu a recuperação parcial da voz, mas para falar tinha de forçar a musculatura abdominal de modo que o ar lhe atravessasse as cordas vocais, e sons "soprados", quase inaudíveis, pudessem ser emitidos.

---

[4] Também chamada pituitária.

Durante os vinte e cinco anos seguintes, não resignado com essa perda, buscou sem cessar novas alternativas para obter a cura; experimentou tudo o que lhe ofereciam, porém sem resultado.

Relatou-me um fato misterioso e ao mesmo tempo angustiante para ele: vez por outra, de forma inesperada, a voz retornava, para em seguida desaparecer, o que lhe causava frustração ainda mais profunda, ao mesmo tempo que mantinha nele, sempre acesa, a esperança de uma recuperação.

O neurologista que consultara pela última vez, havia um ano, após rever os resultados dos exames de seu cérebro e de fazer novos exames, confirmou-lhe a existência de uma minúscula lesão no centro da fala. Com esse diagnóstico, ele por fim resignou-se e aceitou sua condição.

Enquanto me narrava sua história, permaneci atento e em silêncio. Em determinado momento veio-me à consciência que um mineral chamado pirita[5], que eu conhecia, dinamizado em alta potência, poderia ser-lhe útil. Guardei todas as impressões vividas nesse encontro e, no final, ao nos despedirmos, disse-lhe que ainda voltaríamos a ver-nos.

Horas mais tarde pude perceber alguns fatos internos que me ajudaram a compreender de forma mais profunda sua situação: em vidas anteriores ele infringira certas leis fundamentais do universo, ao usar de maneira desregrada a energia procriativa, e agora estava tendo a oportunidade de sanar esse desequilíbrio. Os abusos do passado provocaram nele intensa desvitalização do centro da fala[6] e sua conseqüente e posterior lesão. Veio-me também uma indicação

---

[5] *Ferrum sulfuricum*, liga de ferro com enxofre.

[6] A voz é uma expressão superior de forças procriativas; é a manifestação dessas forças, porém, transmutadas em capacidade criativa mais elevada e abrangente.

de como adequar o poder curativo da pirita, para não usá-la em sua forma natural. Ela deveria ser vegetabilizada por meio de uma planta conhecida como persicária[7], a fim de que não só suas características minerais puras fossem atenuadas, como ainda para criar com essa planta certa interação energética especial. Esse vegetal crescia exuberante no jardim da casa onde morava e havia tempos chamava-me a atenção.

Persicária

[7] Nome científico: *Polygonum persicaria*, popularmente conhecida também como erva-de-bicho, entre outros nomes.

Para essa vegetabilização toma-se argila calcinada e mistura-se a ela pó bem fino de pirita. Sobre esse "solo" são colocadas sementes de persicária para germinar, no período específico entre a lua nova e a cheia. Ao anoitecer, argila e sementes são expostas ao relento, sendo guardadas durante o dia em lugar abrigado da iluminação direta pelo sol. Ao final, os brotos são colhidos, secos, triturados e misturados à argila-pirita. Todo esse complexo é então dinamizado, até o nível de sutilização S3[8]. Assim, cria-se uma interação viva e dinâmica entre planta e mineral.

A persicária está intimamente relacionada com um dos centros energéticos do corpo etérico, a garganta, e exerce sobre ele ação vitalizadora e desbloqueadora; serve também para conduzir a esse centro a ação curativa da pirita, capaz de impulsionar poderosas correntes de vida.

Quase paralelamente me chegaram indicações de outras duas plantas, que também se deveriam ligar a metais específicos. O centro da garganta relaciona-se com duas glândulas situadas logo acima dele, a hipófise e a pineal, constituindo, com elas, um triângulo de energias. Para se atuar em um desses centros, os outros dois devem ser incluídos. À hipófise corresponde o cobre[9], ligado à planta chamada rubim[10]; à pineal, o ouro[11], ligado ao cordão-de-frade[12]. De modo análogo à PIRITA/PERSICÁRIA, ambos os metais deveriam passar pela vegetabilização; os conjuntos resultantes deveriam ser

---

[8] Vide O ETERNO PLANTIO, do mesmo autor, Editoras Cultrix/Pensamento.

[9] *Cuprum metallicum*.

[10] Nome científico: *Leonurus sibiricus*, popularmente conhecida também como macaé, erva macaé, entre outros nomes.

[11] *Aurum metallicum*.

[12] Nome científico: *Leonotis nepetaefolia*, popularmente conhecida também como cordão-de-são-francisco.

transformados em pó e dinamizados também até o nível de sutilização S3.

Um fato misterioso e muito significativo foi reconhecido quando todos esses relacionamentos entre metais—plantas—glândulas já estavam estabelecidos: a pirita é normalmente usada para a produção industrial de ácido sulfúrico; nos resíduos finais desse processo encontram-se alguns metais nobres, entre eles o ouro e o cobre!

Ao visualizar internamente esse trio dinâmico de energias, algumas chaves codificadas puderam ser sintetizadas assim:

- *Persicária*

  A Vida ressurge sempre, criativa e inesgotável; jorra como numa fonte sem fim.

- *Pirita*

  Correntes de Vida são impulsionadas ao centro da laringe; Vida e forma entram em interação.

- *Leonurus*

  A Vida expande-se até a periferia do ser; porém, ao mesmo tempo, verticaliza-se e eleva-se.

- *Cuprum*

  Impulsos superiores são acolhidos e redirecionados a planos imediatamente inferiores; um fluxo ordenado e constante é estabelecido.

- *Leonotis*

  Na ascensão ocorre a síntese; na síntese, nova ascensão; assim a Vida se eleva de patamar em patamar.

- *Aurum*

  Níveis de energia superiores do ser são contatados; cria-se uma ponte e caminhos são abertos nessa senda.

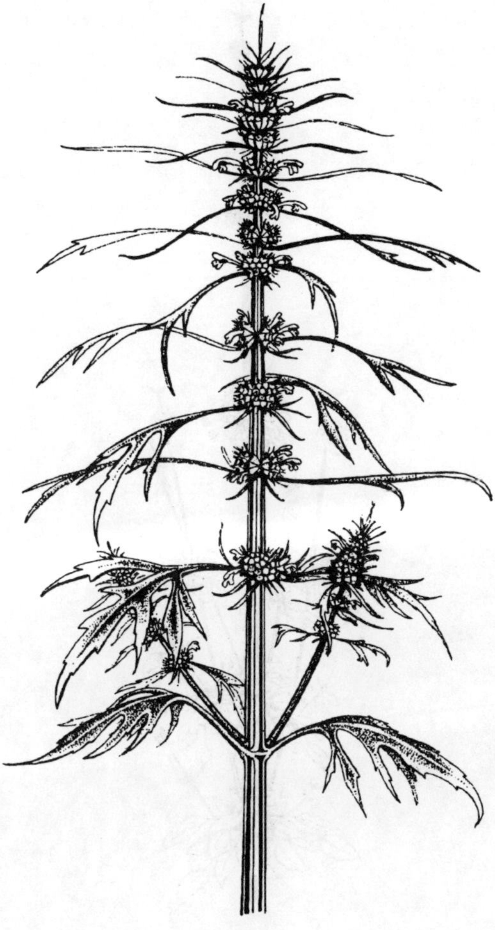

Rubim

Cordão-de-frade

Impulsos provenientes de níveis superiores do homem tocam o cérebro físico por intermédio da pineal. Aí são decodificados química e eletricamente e irradiam-se para o córtex cerebral e estruturas afins; via hipotálamo, atingem a hipófise. Da hipófise é acionado um duplo sistema endócrino, e esses impulsos chegam à tireóide e paratireóides e às glândulas periféricas: supra-renais e gônadas, bem como ao sistema neuro-vegetativo. Dessa forma, alcançam toda a periferia do ser. Assim integram-se Espírito e matéria.

Perguntas e Respostas

Esses medicamentos podem interferir no equilíbrio hormonal do organismo? Haveria alguma contra-indicação para o seu uso, no que se refere a isso?

Cada um desses preparados atua no sentido de regenerar as glândulas correspondentes e de vivificar o circuito energético entre elas. Seus impulsos curativos não interferem diretamente na produção de hormônios, porém, podem favorecê-la ou equilibrá-la, de forma natural, quando essa produção está alterada. O desequilíbrio básico existente em cada glândula e sua capacidade e possibilidade de regeneração é que determinam a intensidade da resposta a ser alcançada.

Qual a relação do caso clínico relatado com a expressão do novo código genético?

O organismo humano está passando por duas profundas e decisivas transformações: o atual código genético, DNA, está sendo substituído, nos planos sutis, pelo novo código, GNA, e os atuais órgãos do corpo físico estão recebendo implantes de microórgãos sutis, que são as sementes dos novos órgãos que os substituirão. Ambos os processos — em fase de implantação e com seu pleno desabrochar previsto para o ciclo vindouro do planeta — percorrem esse circuito energético glandular descrito, imprimindo os impulsos transformadores nos órgãos e células correspondentes.

O ser humano, através de suas vidas passadas, interferiu gradativamente nesse delicado circuito energético, criando nele entraves e desequilíbrios que hoje dificultam a expressão de um propósito evolutivo superior para o corpo físico. Atuar de forma positiva nesse circuito, desobstruindo-o de antigos resíduos, significa preparar o caminho, para que em etapas futuras esses impulsos possam transformar-se em realidade.

Quais seriam os inconvenientes de se usarem os metais em sua forma pura? Por que precisam ser vegetabilizados?

Para a atual etapa de sutilização do corpo físico humano, os vários elementos do reino mineral, mesmo em sua forma dinamizada, imprimem nesse corpo fortes impulsos de materialização, que já não correspondem ao movimento evolutivo de desmaterialização pelo qual passa também todo o universo manifestado.

Assim, o processo de vegetabilização permite que os impulsos dos diversos representantes do reino mineral, ainda necessários ao ser humano como princípios estruturantes de sua forma física, possam ser atenuados e adaptados à nova condição de seus corpos. O reino vegetal, como um grande Laboratório de Luz, detém os conhecimentos alquímicos superiores de como elevar as substâncias minerais que ele permeia e incorpora em si. Dentro do campo de forças de uma planta as características puras dos minerais sofrem ajustes sutis em suas estruturas moleculares e transformações significativas em seus padrões vibratórios, que ascendem ao plano vegetal e são aí dinamizados.

Dessa forma, o reino mineral, por meio da vegetabilização, transforma em essência seus impulsos materializantes puros, aproxima-se mais do reino humano e eleva-se junto com ele.

As ligações entre esses metais e os respectivos vegetais foram estabelecidas por vias puramente intuitivas? Que chaves guiaram o conhecimento dessas relações?

Todas essas ligações foram reconhecidas por vias intuitivas. Esse processo de conhecimento não exclui, porém, a participação da mente nas fases sucessivas de elaboração dessas relações.

As chaves que levam ao reconhecimento dessas relações são as mesmas usadas em todo processo intuitivo[13], entre elas:

- Despreocupação por acontecimentos da vida humana e fatos materiais.

---

[13] Vide O ETERNO PLANTIO, capítulo "Vias de contato com o guia interno", do mesmo autor, Editoras Cultrix/Pensamento.

- Capacidade de seguir as indicações ou sinais do eu interno.
- Avanço rumo à meta espiritual escolhida, sem desvios, dispersões ou distrações.

Quando se incorporam ao caráter essas três atitudes básicas, os centros etéricos da cabeça, ligados ao conhecimento intuitivo, são despertados no ser. A partir daí, a Lei da Necessidade determina e conduz o desenvolvimento posterior do processo. Basta, então, permanecer aberto e vigilante no cumprimento da própria tarefa e do serviço que lhe cabe realizar dentro do Plano Evolutivo.

Qual é o papel da argila calcinada na composição do meio em que germinarão as sementes?

A argila, além de constituir o solo fecundo sobre o qual germinarão as sementes, entra nessa dinâmica como representante arquetípico do reino mineral, formando um contrapeso sutil para o estabelecimento correto da relação planta—mineral. Ao submeter-se à calcinação, além de ser purificada de resíduos orgânicos indesejáveis, ela passa em determinado momento pelo estado líquido. Dessa forma, revive temporariamente, em certo plano, a condição do magma central do planeta, matéria purificada e virgem, que fornece os elementos necessários para que a vida se desenvolva posteriormente sobre a superfície do planeta.

Quadro Sinótico da PIRITA/PERSICÁRIA

Composição

- Persicária (*Polygonum persicaria*), sementes germinadas.
- Pirita (*Ferrum sulfuricum*), em pó.

Atuação

- Atua no centro energético representado pela glândula tireóide, relaxando e suavizando seu automatismo de trabalho.
- Dinamiza processos que impulsionam correntes de Vida a esse centro, onde Vida e forma entram em interação.
- Participa dos processos que faz a Vida se renovar sempre, criativa e inesgotável, a jorrar como numa fonte sem fim.

Indicações

- Distúrbios energéticos relacionados com o centro laríngeo: processos inflamatórios e degenerativos da glândula tireóide; faringite, laringite, traqueíte, bronquite; distúrbios da voz.
- Para restabelecer e harmonizar o circuito energético sutil entre pineal, hipófise e tireóide.

Apresentação / Posologia / Formas de uso

- PIRITA/PERSICÁRIA S3: frascos de 10 ml; tomar 5 gotas pela manhã, em jejum.
- Tomar, por um período mínimo de 3 semanas, associada ao CUPRUM/LEONURUS S3 e ao AURUM/LEONOTIS S3.

Quadro Sinótico do CUPRUM/LEONURUS

Composição

- Rubim (*Leonurus sibiricus*), sementes germinadas.
- Cobre metálico (*Cuprum metallicum*), em pó.

Atuação

- Atua no centro energético representado pela glândula hipófise, relaxando e suavizando seu automatismo de trabalho.
- Apóia a hipófise na tarefa de acolher e de redirecionar impulsos provenientes de planos superiores, e na tarefa de estabelecer um fluxo ordenado e constante desses impulsos.
- Apóia os processos de expansão da Vida até a periferia do ser e, ao mesmo tempo, na sua verticalização e elevação.

Indicações

- Distúrbios energéticos relacionados com o centro da hipófise.
- Para restabelecer e harmonizar o circuito energético sutil entre pineal, hipófise e tireóide.

Apresentação / Posologia / Formas de uso

- CUPRUM/LEONURUS S3: frascos de 10 ml; tomar 5 gotas, à tarde, pelo menos duas horas após o almoço.
- Tomar, por um período mínimo de 3 semanas, associado à PIRITA/PERSICÁRIA S3 e ao AURUM/LEONOTIS S3.

Quadro Sinótico do AURUM/LEONOTIS

Composição

- Cordão-de-frade (*Leonotis nepetaefolia*), sementes germinadas.
- Ouro metálico (*Aurum metallicum*), em pó.

Atuação

- Atua no centro energético representado pela glândula pineal, relaxando e suavizando seu automatismo de trabalho.
- Ajuda a contatar níveis de energias superiores do ser, abrindo caminhos nessa senda.
- Participa no processo de ascensão da Vida, em sua elevação de patamar em patamar.

Indicações

- Distúrbios energéticos relacionados com o centro da pineal.
- Para restabelecer e harmonizar o circuito energético sutil entre pineal, hipófise e tireóide.

Apresentação / Posologia / Formas de uso

- AURUM/LEONOTIS S3: frascos de 10 ml; tomar 5 gotas, à noite, antes de dormir.
- Tomar, por um período mínimo de 3 semanas, associado ao CUPRUM/LEONURUS S3 e à PIRITA/PERSICÁRIA S3.

ESCLARECIMENTOS GERAIS

Esses medicamentos podem ser fabricados em qualquer lugar, sem importar em perda de qualidade? Esta pode ser alterada pelas pessoas que participam de sua elaboração? Se afirmativo, em que etapas desse processo?

Todo medicamento sutil é muito influenciado pelo ambiente no qual é produzido, tanto físico quanto psíquico. Além da higiene, ordem, harmonia e precisão, que devem existir externamente, a atitude interna de quem o manipula é decisiva para a preservação de sua qualidade. Sendo uma atividade desinteressada, sem expectativa humana alguma, realizada dentro das leis da necessidade e do serviço, em abertura e entrega aos níveis superiores de consciência que regem o verdadeiro destino da humanidade, tal disposição exercerá sobre o medicamento um efeito altamente positivo. Do contrário, sua atuação mais sutil fica cerceada e não pode manifestar-se.

Tudo é energia nesse universo, energia que se expressa sob as mais infinitas formas e se mantém em contínua interação. Toda a matéria, incluindo nossas ações, sentimentos e pensamentos, gera e irradia, sem cessar, padrões vibratórios de diferentes intensidades e qualidades que se interpenetram e se influenciam mutuamente. Assim, o conhecimento e a vivência dessa lei podem imprimir um padrão superior em nossa vida externa, que colabora na elevação da matéria e no serviço ao Plano Evolutivo.

Portanto, no caso específico da produção de medicamentos, deve-se estar especialmente atento a esses pontos para que sua qualidade não se perca. Todas as etapas devem estar imbuídas da correta sintonia, desde o plantio, acompanhamento, colheita e secagem das ervas medicinais adequadas, até a elaboração completa do medicamento e sua distribuição gratuita. Nossa real condição interna interage em todas essas etapas, limitando ou potenciando os desdobramentos da energia em cada uma delas e também a ação curativa final do produto.

Qual a real diferença entre os medicamentos citados neste livro, os homeopáticos e os alopáticos?

Os impulsos de cura que continuamente jorram sobre o planeta e a humanidade são cíclicos e dizem respeito às necessidades específicas de diferentes etapas de desenvolvimento de sua consciência. Assim, em cada uma delas são focalizados os pontos-chaves desse processo, para que as metas correspondentes possam ser alcançadas e a humanidade como um todo possa evoluir. Essa energia, autoconsciente e inspiradora de todos os processos de cura, sempre busca, portanto, ajustar os padrões vibratórios dos seres e dos seus corpos aos propósitos superiores a serem atingidos.

Todas as correntes conhecidas — alopatia, homeopatia, antroposofia, florais de Bach e outras — desenvolveram seus métodos, procedimentos e medicamentos baseados nessas premissas. Hoje, porém, vivemos uma etapa decisiva, um final de ciclo, que corresponde a um juízo parcial, no qual o planeta e os seres que o habitam, em todos os seus níveis de consciência, têm seus destinos cósmicos reajustados e redirecionados. Em função disso, a energia de cura está agora atuante como nunca, pois certos passos evolutivos, de repercussão universal, estão em jogo dentro dos seres. Para propiciar e facilitar a seus corpos os ajustes necessários a essa importante transição, é que nos são passadas todas essas indicações e orientações, inclusive os medicamentos citados neste livro.

Não se pretende com tais medicamentos fundar uma nova escola de cura. Porém, uma de suas tarefas principais é a de ajudar os seres a aproximarem mais seus corpos aos arquétipos divinos que lhes correspondem, para que o destino cósmico evolutivo de cada um possa prosseguir, liberado de muitas cargas e prisões. Como o juízo parcial em andamento — que ainda não alcançou seu clímax — vai atingir a humanidade e todo o planeta em grandes proporções, muitas condições de cura se potencializaram. As necessidades são imensas e os tempos urgem.

Como se pode adquirir, ou onde podem ser encontrados tais medicamentos? Estão sendo comercializados?

Pelo que sabemos, toda atividade comercial limita de maneira acentuada a ação sutil de um medicamento. A energia espiritual que flui para a humanidade, não importa através de que canal ou sob que roupagem, doa-se ininterrupta e gratuitamente, como a luz do sol, sem distinguir quem a recebe. Sendo assim, medicamentos sutis não deveriam ser comercializados. Tal atividade pode fazer, por conseqüência, com que se feche a fonte que os inspira.

Os frutos desse trabalho, portanto, devem ser distribuídos em pura oferta, pois assim se manifestaram. Os que produzam ou utilizem tais preparados que tomem essa lei por advertência.

Há indivíduos que estão despertando para novas formas de

relacionamento no campo da cura, e abrindo-se também para a criação de estruturas que possibilitem a materialização dos impulsos que nos estão sendo passados[1]. Os que participam dessa rede de serviço altruísta constituem uma via de acesso a esses medicamentos. Quanto aos que deles necessitam, saibam que quando se procura viver dentro da Lei Superior, recebe-se por herança divina o que necessitar.

É possível a automedicação? Em que condições ela poderia dar-se?

O ideal seria que cada um fosse acompanhado por outra pessoa "de fora", neutra, pois nem sempre é fácil ser objetivo sobre si mesmo. Entretanto, na ausência dessa pessoa, desde que se tenha clareza sobre a necessidade e sobre a medicação adequada a uma situação específica, pode-se partir para a automedicação.

O ser humano possui uma relação atávica com a condição de morbidez, e o indivíduo deve estar atento para não se envolver em demasia com esse estado. A cura é realidade apenas nos níveis superiores de consciência e com eles cada um deveria permanecer sintonizado para poder reconhecer, a cada momento, a medida correta que lhe corresponde. O impulso de cura pode vir, assim, por meio de uma leitura, um sonho, um encontro, uma intuição, um alimento ou também de um medicamento. A abertura e a entrega contínuas à condução do próprio mundo interno, sem criar expectativa alguma, são, portanto, os melhores guias para se evitarem abusos e desvios no campo da automedicação.

---

[1] Vide O ETERNO PLANTIO, do mesmo autor, Editoras Cultrix/Pensamento.

Existem condições específicas, como traços de temperamento ou desequilíbrios físicos ou psíquicos, que contra-indiquem o uso de tais medicamentos?

Em princípio não existem contra-indicações absolutas para se usarem tais medicamentos. Todavia, recomenda-se que o indivíduo que os receba seja acompanhado por alguém experiente no trabalho de cura.

A ação terapêutica de uma planta ou medicamento é percebida apenas intuitivamente, ou existe alguma forma de comprová-la cientificamente?

A intuição, por ser uma atividade superior, não exclui os planos inferiores do ser e, portanto, inclui a mente, seus conhecimentos e mecanismos. Sabe-se que as grandes idéias, decisivas para o desenvolvimento material da humanidade, foram, por assim dizer, impressas nas mentes dos que serviram de canal para sua manifestação. Essas mentes possuíam, porém, os elementos mentais capazes de decodificar os impulsos imateriais que receberam.

A atividade científica humana, pura e genuína, tem como mola propulsora um impulso intuitivo que pode ou não ser explícito para quem a realiza. O desenvolvimento da verdadeira ciência faz parte do Plano Evolutivo para a humanidade, e é regido por consciências superiores que o inspiram. Portanto, uma descoberta científica original, advinda de uma inspiração superior, é, por si só, uma comprovação de fatos e realidades já existentes nesses outros planos. A própria descoberta dita casual está incluída em uma condução e um propósito internos, que podem ser conscientes ou não a quem serve de instrumento para sua manifestação.

Assim, o conhecimento intuitivo sobre a ação terapêutica de uma planta ou medicamento não exclui a possibilidade de sua comprovação posterior; esta, pelo contrário, pode servir como elemento de formação e estudos para todos os que se abrem ou se aproximam dessas realidades sutis. Pode também ser um elo importante para a edificação e desenvolvimento de uma ciência espiritual e de uma medicina mais condizente com a verdadeira essência do ser humano.

Esses medicamentos podem acarretar algum efeito colateral?

Os efeitos colaterais geralmente decorrem da ação tóxica das substâncias ou princípios terapêuticos empregados. Nesse sentido, os medicamentos dinamizados, citados neste trabalho, não apresentam tais efeitos, pois sua ação baseia-se muito mais nas qualidades sutis do que nas materiais. Para a elaboração desses medicamentos, as substâncias são submetidas a um processo progressivo de diluição/dinamização[2]; encontram-se neles, portanto, em graus altamente diluídos, podendo até mesmo desaparecer como substâncias, para permanecerem apenas como energia pura. Concomitantemente a essa diluição, vão sendo liberadas suas qualidades energéticas que correspondem à sua ação curativa.

Existem, porém, casos em que essa ação promove o desbloqueio de algum nódulo energético condensado, o que pode gerar temporariamente reações adversas, tanto nos corpos físico-etérico, quanto no emocional e mental. Nesses casos, a diminuição da freqüência ou da dosagem do medicamento, ou mesmo uma pausa curta, favorecem a dissolução dessas reações.

---

[2] Vide O ETERNO PLANTIO, do mesmo autor, Editoras Cultrix/Pensamento.

Todos os medicamentos apresentados estão ligados a questões ou desarmonias sutis que parecem fazer parte da humanidade como um todo. O uso concomitante ou cíclico de todos eles poderia ajudar num processo amplo de harmonização do ser?

Cada indivíduo tem sua própria linha de cura; portanto, não se pode responder genericamente a essa questão. Há indivíduos que se harmonizam por meio de medicamentos ou de recursos externos, outros que se harmonizam por vias internas, diretas, sem a necessidade de elementos ou recursos intermediários. Em um processo de cura deve-se, pois, descobrir qual é o caminho de cada um.

Os que sintonizam com tais medicamentos e queiram passar por processos de harmonização de seus corpos auxiliados por eles, podem empregá-los de forma cíclica, evitando seu uso concomitante, para que a ação isolada de cada um se possa dar sem atropelos. Todo indivíduo vive experiências semelhantes, cada um com suas próprias cores; assim, tais medicamentos encontram larga disseminação, pois apresentam correspondências bem definidas com certas etapas e processos comuns a toda evolução humana.

Qual a relação que existe entre a linha de medicamentos citados neste livro, as diversas correntes médicas alternativas e a medicina dita oficial?

Transcrevo aqui as palavras de Paul Brunton[3], que expres-

---

[3] Vide IDÉIAS EM PERSPECTIVA, Editora Pensamento.

sam de forma clara a verdadeira relação que deveria existir entre as diversas correntes médicas:

> "Os serviços de um médico hábil no conhecimento de doenças e no cuidado com seus pacientes nunca devem ser menosprezados. A medicina ortodoxa alopática merece o nosso maior respeito por causa do modo científico e cauteloso com que tem procedido em sua evolução. Tem conseguido curas notáveis, mas também tem muitos fracassos em seu débito. Isso se deve, em parte, ao erro fundamental que ela admite, em comum com outras ciências como a psicologia — o erro materialista de ver o homem como sendo nada mais que o seu corpo. Somente corrigindo isso a medicina pode avançar até atingir suas possibilidades mais plenas. Sua deficiência a esse respeito forçou o aparecimento e alimentou a propagação de métodos de cura não-ortodoxos, dos quais existem muitos. A maioria deles tem algo de valioso com que contribuir, mas infelizmente — faltando-lhes a cautela da ciência — fazem reivindicações exageradas e sustentam atitudes fanáticas, com o resultado de que também eles têm seus fracassos e incorrem no descrédito público. Mas eles têm número suficiente de êxitos para justificar sua existência. Somente pela aproximação e interação mútuas modificarão um ao outro, produzindo assim um sistema de cura verdadeiramente completo. Eles já estão fazendo isso sem o querer e, portanto, devagar demais. É preciso que o façam voluntária e rapidamente, se se espera beneficiar o mundo dos pacientes sofredores e doentes com o conhecimento humano atual".

PALAVRAS FINAIS

Durante os trabalhos aqui relatados, foi-nos dada a oportunidade de estar diante da capacidade quase infinita de regeneração inerente à matéria. Pudemos perceber que tudo tende à vida, ao prosseguimento da trajetória evolutiva e, quando um corpo está enfermo, mesmo um pequeno estímulo desencadeia resposta imediata. O poder da cura reside nessa busca do equilíbrio, harmonia e perfeição da existência, que está no âmago de todos os átomos, células e seres.

A ação da química oculta leva em conta essa tendência interior ao bem. Enquanto os impulsos materiais e pessoais normalmente conduzem a estados de caos e conflito, há algo que anseia por outros caminhos e colabora com as energias de cura quando é tocado por suas sutilíssimas irradiações.

A abertura ao estado de perfeição antecede a cura, pois, sem essa disponibilidade para a transformação das condições dos corpos e da própria vida, os tratamentos são paliativos e pouco efetivos. Essa aspiração superior tão esquecida, malreconhecida e pouco valorizada é uma das riquezas que o homem traz em si e que precisa encontrar para superar a susceptibilidade às doenças.

Sabe-se que as doenças podem ser:

- Cármicas: para reequilibrar atos negativos do passado;
- Adquiridas: surgem por descuido do ser quanto à manutenção da própria sintonia com níveis superiores, ou por

resistência em ingressar em novos patamares de consciência;

- Sagradas: assumidas por consciências de grande evolução como auxílio à transmutação da energia da humanidade e do planeta, ou como instrumento de queima de obstáculos à ascensão.

Segundo a Hierarquia Amhaj[1], até mesmo uma epidemia pode ser dissipada pelo poder da consciência. Para contatar esse poder e colaborar com sua atuação, com sua química curadora, é preciso:

- confiar na sua existência e abrir-se a ele;
- procurar a fonte que o nutre, pois nada começa nem termina no ser humano; apenas as fontes de vida mais profundas são inesgotáveis e incólumes às forças geradoras dos males.

Dessas fontes profundas parte o chamado ao bem, ao qual as células prontamente respondem quando estão enfermas e desvitalizadas. É nessas fontes que a consciência vai buscar renovação nos momentos de repouso; em seus mananciais a essência dos corpos mergulha, para reencontrar seu padrão de equilíbrio. São as maiores doadoras de vida, os mais preciosos agentes de cura.

Um dia a humanidade saberá que a ação dessas fontes internas é um instrumento potente para qualquer transformação, seja uma cura física ou psicológica, seja um impulso ao desenvolvimen-

[1] Vide A VOZ DE AMHAJ e A FORMAÇÃO DE CURADORES, de Trigueirinho, Editora Pensamento.

to. Deixará, então, de lutar com situações passageiras, pois as terá superado. Os ajustes e equilíbrios serão realizados sem desgastes, porque haverá maior adesão ao bem universal; o instinto destruidor e agressivo estará controlado ou transmutado. Todas as leis que vigoraram até hoje na superfície da Terra poderão ser modificadas, permitindo manifestações de realidades superiores que, por falta de condições energéticas para acolhê-las, são ainda desconhecidas da humanidade.

Os seres humanos não estão habituados a confiar no que lhes foi dado desde o início dos tempos, no que trazem, vida após vida, dentro de si mesmos. Por isso, durante muito tempo ainda poderão ser necessários comprimidos, compressas, pomadas e gotas; estes são mensageiros úteis que prevalecerão até que o receptor possa estar diante do "remetente da mensagem", sem intermediários. Entretanto, essa situação não é eterna, e esse poder invisível começa a ser contatado e assumido por seres que descobrem a infinita capacidade interior que possuem em estado latente. Despertam para outra organização, na qual a dinâmica das energias de cura supera as forças da desarmonia.

Embora a medicina convencional seja pouco receptiva às vibrações e emanações sutis, a ciência da cura não pode distanciar-se delas. A medicina só se sente segura quando lida com coisas palpáveis; quer provas concretas, embora se negue a aceitar as evidências de uma vida mais sutil, em outros planos de consciência. Esta é a razão por que são postergados tantos progressos importantes e fundamentais para todos os seres.

A verdadeira tarefa da ciência de cura é reconhecer as energias para distribuí-las corretamente, sem desperdício. Nisso consiste a sabedoria que colocará em movimento a química oculta, ajudando a manter os corpos do indivíduo em equilíbrio e em harmonia entre si e com o mundo exterior. Os medicamentos apresentados neste livro emergiram de uma aspiração profunda a integrar a vida externa na vida interna, a unificá-las, eliminando a incompatibilidade perpetrada durante milênios entre partes de um mesmo ser.

Uma criança precisa, para crescer saudável, tanto de um ambiente acolhedor e de paz quanto de limites que a ajudem a situar-se em relação a si mesma, a outros, e ao mundo que a cerca. Da mesma forma, a vida de um ser carece tanto de amor e de compreensão quanto de firmeza e determinação para atingir o alinhamento com o mundo espiritual. Precisamos estar cientes dos potenciais concedidos a cada ser e usá-los em benefício da evolução.

Quando estamos prontos para observar a energia e a forma trabalhando de maneira integrada, podemos reconhecer os laços que as unem e os meios que empregam para auxiliar os seres a chegarem ao destino que lhes corresponde. Novas perspectivas abrem-se a nós quando encaramos o mundo dessa maneira. A própria condição de desequilíbrio de um ser torna-se o porta-voz do modo de curá-lo. Isso porque, por mais grave que seja seu estado de carência, cada célula traz em si a mensagem de que prevalece a vida. Essa mensagem exprime-se por vibrações que se afinam com as de determinados elementos dos reinos da natureza. Ao reconhecê-las, vamos aprendendo a linguagem silenciosa pela qual se comunicam os elementos da química oculta do universo, cujos diálogos são pura energia em movimento, e cuja compreensão é fruto da entrega ao serviço impessoal.

APÊNDICE

Síntese das Qualidades Sutis dos Produtos Citados

ARTRIN

Atua na regeneração das estruturas osteoarticulares, quando acometidas por processos inflamatórios e degenerativos causados por sobrecarga de energia mental-psíquica.

AURONIC

Atua na dissolução de vícios e ilusões; colabora no equilíbrio de fatos densos do passado, dissolvendo vibrações por eles gerados; constitui instrumento sublime de cura e de perdão.

AURUM/LEONOTIS

Atua no centro energético representado pela glândula pineal, relaxando e suavizando seu automatismo de trabalho.

Ajuda a contatar níveis de energia superiores do ser, abrindo caminhos nessa senda.

Participa no processo de ascensão da Vida, em sua elevação de patamar em patamar.

CARBOLYC

Atua, por meio de seu poder ígneo, na dissolução dos medos ancestrais, arraigados e incrustados na intimidade das células físicas; regenera as áreas atingidas pela ação paralisante e desvitalizante do medo.

CORALFLOR

Promove a reintegração dos corpos do ser humano, por meio da consolidação de cada um e da sua interação dinâmica e harmônica.

CROTONLIC

Colabora na transmutação, dissolução e elevação de forças psíquicas densas, degeneradas e involutivas, que, condensadas e materializadas, podem constituir um tumor de pele.

CUPRUM/LEONURUS

Atua no centro energético representado pela glândula hipófise, relaxando e suavizando seu automatismo de trabalho.

Apóia a hipófise na tarefa de acolher e de redirecionar impulsos provenientes de planos superiores, e na tarefa de estabelecer um fluxo ordenado e constante desses impulsos.

Apóia os processos de expansão da Vida até a periferia do ser e, ao mesmo tempo, na sua verticalização e elevação.

PALICOUREA

Queima e dissolve, por meio de seus fogos, material psíquico denso que, aglutinado, promove na pele processos degenerativos.

Rompe trevas, obstáculos e cristalizações, irradiando luz.

PIRITA/PERSICÁRIA

Atua no centro energético representado pela glândula tireóide, relaxando e suavizando seu automatismo de trabalho.

Dinamiza processos que impulsionam correntes de Vida a esse centro, onde Vida e forma entram em interação.

Participa dos processos que fazem a Vida se renovar sempre, criativa e inesgotável, a jorrar como numa fonte sem fim.

SILIMEL

Renova forças debilitadas do organismo, restituindo-lhe o vigor.

Amplia a capacidade de assimilação do organismo.

Recupera e vitaliza os princípios formativos e regeneradores da luz nos seres.

Identificação Botânica das Plantas Citadas

Cordão-de-frade (*Leonotis nepetaefolia* R. Br. — Labiatae)

- Sinônimos: cordão-de-são-francisco, coração-de-frade.
- Planta anual, herbácea ou subarbustiva, aromática, caule quadrangulado, de 80 a 160 cm de altura.
- Folhas membranáceas, de bordos ciliados e crenados, de 5 a 10 cm de comprimento.
- Flores em inflorescências tipo glomérulo, axilares, dispostas a intervalos regulares ao longo dos caules.
- Originária das Índias Orientais e África; é mais comum na planície litorânea; relativamente freqüente em solos cultivados e terrenos baldios; floresce no verão e outono; reproduz-se por sementes; utiliza-se a parte aérea florida.

Douradinha (*Palicourea rigida* HBK — Rubiaceae)

- Sinônimos: douradão, gritadeira, batedeira, douradinha-do-campo; erva-batedeira, dourada.
- Planta arbustiva, de caule quadrangular-obtuso, glabro, curto.
- Folhas quase sésseis, opostas, elípticas, muito rígidas, coriáceas, amareladas, de até 30 cm de comprimento.
- Flores pequenas, branco-amareladas ou laranjas, dispostas em grandes inflorescências terminais, tipo panícula.

- Vegeta desde as Guianas até São Paulo, Minas Gerais, Goiás e Mato Grosso, de preferência nos campos e cerrados; floresce no verão; reproduz-se por sementes; utilizam-se as inflorescências, e também as folhas.

Erva-baleeira (*Cordia verbenacea* L. — Boraginaceae)

- Sinônimos: baleeira, catinga-de-barão, maria-preta, maria-milagrosa, catinga-de-preto, pimenteira.
- Planta arbustiva, de até 3 m de altura; ramos e pecíolos branco-acinzentados e pulverulentos.
- Folhas variáveis, geralmente oblongo-lanceoladas, às vezes ovadas; serradas, ásperas na face superior, branco-tomentosas na inferior.
- Flores brancas, dispostas em espigas longo-pedunculadas.
- Cresce bem desde o Amazonas até o Rio Grande do Sul, de preferência no litoral; reproduz-se por estaquia e por sementes; utilizam-se as folhas.

Gervão (*Stachytarphetta cayenensis* Vahl — Verbenaceae)

- Sinônimos: gervão-azul, gervão-de-folha-de-verônica.
- Planta anual ou perene, herbácea ou subarbustiva, ereta, ramificada, caule semiquadrangular, de 30 a 70 cm de altura.
- Folhas opostas, ovais ou elípticas, margens serreadas, pubescentes, de 4 a 8 cm de comprimento e 2 a 3 cm de largura.
- Flores de coloração azul ou violeta-clara, dispostas em inflorescências terminais, em espigas delgadas de 10 a 25 cm de comprimento.
- Ocorre em quase todos os Estados do país, principalmente em pastagens, pomares, lavouras anuais, canaviais e terrenos bal-

dios; floresce quase todo o ano; reproduz-se por sementes; utilizam-se as inflorescências e também a planta toda.

Licopódio (*Lycopodium cernuum* L. — Lycopodiaceae)

- Sinônimos: pinheirinho-do-campo, pinheirinho-do-jardim, pinheiro, pé-de-macaco.
- Planta subarbustiva, de hastes compridas e ramosas; forma piramidal-estratificada.
- Folhas verde-claras, um pouco arqueadas nas extremidades, lanceoladas, alternando as superiores com as inferiores.
- Planta cosmopolita tropical; vegeta de preferência nos lugares sombrios; utiliza-se a parte aérea.

Licurana (*Croton urucurana* Baill. — Euphorbiaceae)

- Sinônimos: urucurana, sangra-d'água, capixingui, urucuana.
- Árvore de até 16 m de altura.
- Folhas simples, alternas, pubescentes, prateadas na face inferior, de 10 a 20 cm de comprimento.
- Flores dispostas em inflorescências, tipo racemo comprido.
- Ocorre em matas ciliares na Bahia, Minas Gerais, Rio de Janeiro, Mato Grosso do Sul, até o Rio Grande do Sul; é característica de terrenos muito úmidos e brejosos; floresce de dezembro até junho, com frutificação quase simultânea; reproduz-se por sementes; usam-se as sementes germinadas e as folhas.

Lobeira (*Solanum lycocarpum* St. Hil. — Solanaceae)

- Sinônimo: fruta-de-lobo.

- Planta perene, arbustiva ou arbórea; caule tortuoso, ramificado, armado de acúleos; de 2 a 4 m de altura.
- Folhas dispostas alternadamente, pecioladas, sem pêlos na face superior, pubescentes e de coloração esbranquiçada na inferior, com a nervura central armada por acúleos amarelo-avermelhados e levemente curvados.
- Flores de coloração violácea, dispostas em inflorescências laterais e subterminais, em pequenas panículas.
- Fruto tipo baga globosa, de 8 a 12 cm de diâmetro.
- Ocorre em quase todos os Estados do país, principalmente na região Centro Oeste e na Sudeste, até São Paulo e Paraná; floresce mais intensamente durante o outono e inverno; reproduz-se por sementes; utilizam-se as flores e os frutos.

Maracujá (*Passiflora alata* Dryand. — Passifloraceae)

- Sinônimos: flor-da-paixão, maracujá-silvestre, passiflora, maracujá-gigante.
- Trepadeira de caule quase quadrangular, de alas estreitas, desprovido de pêlos.
- Folhas grandes, de 11 a 18 cm de comprimento por 8 a 10 de largura, de consistência dura, dispostas alternadamente, oval-oblongadas ou ovais, brilhantes na face e opacas no verso.
- Flores grandes, solitárias, axilares, com cálice verde por fora e avermelhado por dentro.
- Frutos grandes, de 8 a 11 cm de comprimento por 5 cm de espessura na parte mais larga, ovóides, carnosos, com polpa gelatinosa, de sabor doce e acre.
- Originária da América Tropical, vegeta melhor em climas quentes e úmidos, e não se adapta bem a grandes altitudes; ocorre do Amazonas até São Paulo; floresce predominantemen-

te na primavera/verão; reproduz-se por estaquia ou por sementes; utilizam-se as flores, as folhas, as raízes e os frutos.

Mentrasto (*Ageratum conyzoides* L. — Compositae)

- Sinônimos: erva-de-são-joão, maria-preta, picão-roxo.
- Planta anual, herbácea, ereta, de 30 a 80 cm de comprimento; caule revestido de pêlos alvos; aromática.
- Folhas opostas, membranáceas, cobertas de pêlos, de 4 a 9 cm de comprimento.
- Flores de coloração rósea ou esbranquiçada, reunidas em inflorescências no ápice dos ramos e inseridas num eixo comum.
- Vegeta em quase todo o país, nas regiões tropicais e subtropicais, habitando terrenos desde úmidos até secos e elevados; é uma planta ruderal; floresce predominantemente na primavera/verão; reproduz-se por sementes; utiliza-se a planta toda, florida.

Persicária (*Polygonum persicaria* L. — Polygonaceae)

- Sinônimos: erva-de-bicho, persicária-de-pé-vermelho.
- Planta anual, subereta ou decumbente, ramificada; caule de coloração avermelhada; mede de 30 a 90 cm de altura.
- Folhas alternas, elíptico-lanceoladas, lisas, de 5 a 15 cm; geralmente possui uma mancha escura próxima ao centro.
- Flores dispostas em inflorescências axilares e terminais, em racemos densos, de coloração rósea ou purpúrea-clara.
- De origem européia, mais freqüente na região sul do país; apresenta nítida preferência por solos úmidos; floresce o ano inteiro; utilizam-se as sementes, em germinação.

Rubim (*Leonurus sibiricus* L. — Labiatae)

- Sinônimos: macaé, erva-macaé, lavantina, marroio.
- Planta anual ou bianual, porte herbáceo ou subarbustivo; ereta, aromática, ramificada, de 40 a 120 cm de comprimento.
- Folhas longo-pecioladas, palmatipartidas ou profundamente trilobadas, levemente pubescentes em ambas as faces.
- Flores dispostas em inflorescências axilares, densamente congestas, de coloração purpúrea.
- Originária da Ásia, porém completamente naturalizada no Brasil; prefere solos argilosos e é muito freqüente em cafezais e culturas anuais; floresce no verão e outono; utilizam-se as sementes, em germinação.

Soja (*Glycine max* Merril. — Leguminosae)

- Sinônimos: feijão-soja, feijão-china, feijão-japonês.
- Planta anual, herbácea, de caule ramoso e pubescente.
- Folhas longo-pecioladas, com 3 folíolos cordiformes, bem desenvolvidos.
- Flores axilares, sésseis, brancas, amarelas ou violáceas, reunidas em cachos curtos.
- Vagem ligeiramente arqueada, híspida, com 1 a 5 sementes; sementes lisas, ovais ou ligeiramente comprimidas, de hilo quase sempre castanho, mas de outras colorações conforme a variedade.
- Originária da China e do sul do Japão, cultivada há milênios na Ásia Oriental e hoje disseminada, em larga extensão, pelas regiões tropical e subtropical; existem mais de 300 variedades de soja; floresce de acordo com o ciclo vegetativo das espécies; utilizam-se os grãos.

Tabaco (*Nicotiana tabacum* L. — Solanaceae)

- Sinônimo: fumo.
- Planta anual, herbácea, ereta, de até 2 m de altura; caule cilíndrico, revestido de pêlos, simples ou pouco ramificados na parte superior.
- Folhas dispostas alternadamente, de 30 a 60 cm de comprimento e 9 a 12 cm de largura.
- Flores róseas ou vermelhas, em forma de funil e reunidas em inflorescências no ápice dos ramos, em cachos.
- Vegeta em quase todos os Estados do país: embora seja uma planta tropical, adapta-se a quaisquer climas; floresce na primavera/verão; reproduz-se por sementes; utilizam-se as folhas.

Tanchagem (*Plantago major* L. — Plantaginaceae)

- Sinônimos: tansagem, tanchagem-maior, tranchagem.
- Planta perene, herbácea, ereta, acaule, de 15 a 25 cm de altura.
- Folhas basais, espessas, pecioladas, com nervuras salientes, lisas.
- Flores pequeníssimas, marrom-avermelhadas, dispostas em inflorescências tipo espiga, sustentadas por uma haste floral de até 30 cm de comprimento.
- Originária da Europa, porém bem aclimatada no Brasil, onde vegeta abundante e espontaneamente; de clima temperado, pode ser cultivada em praticamente todos os Estados do país; prefere terrenos cultivados e lugares sombreados e úmidos; floresce no verão e outono; utilizam-se as folhas.

Índice Geral de Sintomas, Doenças e Seus Tratamentos

Índice Remissivo

Nenhum dos medicamentos citados neste livro é industrializado ou comercializado pelo autor. Esta obra destina-se tão-somente a relatar suas experiências, como contribuição ao trabalho de cura e à medicina.

O ETERNO PLANTIO

Um reencontro da Medicina com a Natureza

Dr. José Maria Campos
(Clemente)

Após ter escrito PLANTAS QUE AJUDAM O HOMEM (em co-autoria) e GUIA PRÁTICO DE TERAPÊUTICA EXTERNA, o autor apresenta-nos O ETERNO PLANTIO, nova etapa em seu trabalho. Descreve um ponto de transição entre a pesquisa tradicional e o conhecimento alquímico, que volta a estar disponível ao ser humano nesta época de tantas necessidades e, ao mesmo tempo, de tão grandes oportunidades de crescimento interior.

A sutilização pela qual passa a Terra e toda a vida nela presente trará o aumento da percepção interna do ser humano e se refletirá também em seus sentidos externos, levando-os a profundas transformações. Sua consciência estará então bem mais absorvida nos níveis abstratos, intuitivos e espirituais.

Tais mudanças estão sendo levadas a cabo em todo o planeta, e este livro é fruto delas, dando testemunho, ainda que parcial, de que já são realidade neste momento.

CULTRIX / PENSAMENTO

GUIA PRÁTICO DE TERAPÊUTICA EXTERNA

Métodos e procedimentos terapêuticos de grande simplicidade e eficácia

Dr. José Maria Campos
(Clemente)

As práticas terapêuticas externas, desenvolvidas até certo ponto em épocas passadas, dão-se hoje a conhecer como um potente instrumento de cura e amplo campo de investigações. Com a aproximação entre o mundo material e o mundo imaterial, que atualmente começa a realizar-se, pode-se atingir com maior facilidade certos nódulos, contraparte sutil das doenças, especialmente pelo uso dessas técnicas naturais.

Assim, Dr. José Maria Campos, um dos autores de PLANTAS QUE AJUDAM O HOMEM, traz agora um guia prático, fruto de seu trabalho e pesquisa nesse setor da medicina. Nesta obra, apresenta indicações para o uso de algumas plantas, sugestões para o preparo e emprego de compressas, cataplasmas, pedilúvios, banhos de imersão, lavagens intestinais e aplicações de argila. Acrescenta, também, orientações sobre a elaboração de chás, pomadas, tinturas e outros produtos, bem como esclarece pontos importantes sobre o manuseio de plantas medicinais.

CULTRIX / PENSAMENTO

PLANTAS QUE AJUDAM O HOMEM

Guia Prático para a Época Atual

Dr. José Caribé

Dr. José Maria Campos (Clemente)

Obra de autoria de dois médicos que se dedicam à tarefa de ajudar os semelhantes na atual fase de transição planetária. Com esse objetivo, organizaram este precioso guia que leva o leitor a conhecer, amar e utilizar inteligentemente plantas que até agora tiveram uso limitado, mas que podem prestar maiores serviços não só no campo alimentar, como também no campo da saúde.

Diante da situação de emergência em que o mundo está ingressando, e da crescente falta de alimentos e de assistência social e médica que ameaça a sociedade humana, um livro como este é de grande valia; fornece sugestões para os que buscam um modo de viver mais simples, um contato amoroso e fraterno com as dádivas da Natureza.

CULTRIX / PENSAMENTO